ERREICHE JEDES ZIEL IN 100 TAGEN

BRING DAS ZU ENDE, WAS DIR WICHTIG IST

DAS JOURNAL

JOHN LEE DUMAS

Bibliografische Information der Deutschen Nationalbibliothek
Die Deutsche Nationalbibliothek verzeichnet diese Publikation in der Deutschen Nationalbibliografie. Detaillierte bibliografische Daten sind im Internet über http://dnb.d-nb.de abrufbar.

Für Fragen und Anregungen:
info@finanzbuchverlag.de

Originalausgabe, 1. Auflage 2020

Umschlaggestaltung: Marc-Torben Fischer
Satz: Röser MEDIA GmbH & Co. KG
Druck: GGP Media GmbH, Pößneck
Printed in Germany

ISBN Print 978-3-95972-301-5
ISBN E-Book (PDF) 978-3-96092-556-9
ISBN E-Book (EPUB, Mobi) 978-3-96092-557-6

Weitere Informationen zum Verlag finden Sie unter
www.finanzbuchverlag.de
Beachten Sie auch unsere weiteren Verlage unter www.m-vg.de

VORWORT DES AUTORS

Was braucht man, um erfolgreich zu sein? Drei Dinge:

1. Ein klares Ziel
2. Einen genauen Plan, um dieses Ziel zu erreichen
3. Die Disziplin, die erforderliche Zeit, Energie und Mühe zu investieren, um diesen Plan auszuführen

Was würdest du gerne erreichen? Eine Fremdsprache erlernen? Ein Instrument spielen können? Deine Gesundheit verbessern? Eine unternehmerische Fertigkeit erlangen? Eine Sportart meistern?

Ganz gleich, was dein Ziel ist, dieses Journal wird dich so anleiten, dass du in den nächsten 100 Tagen alles erreichen kannst, was du willst.

Du musst dich einfach nur auf den Prozess einlassen.

John Lee Dumas

DIE INSPIRATION ZU DIESEM JOURNAL

Im Jahr 2012 war ich auf der Suche nach Erfolg. Ich begann, mich mit Menschen zu beschäftigen, die Großartiges geleistet haben, in der Hoffnung, der »geheimen« Rezeptur auf die Schliche zu kommen, die ihnen dabei geholfen hat. Unternehmer wie Tim Ferris und Gary Vaynerchuk avancierten zu meinen Vorbildern. Sie waren nur ein paar Jahre älter als ich, aber sie hatten die Art von Lebensstil, Freiheit und Größe erreicht, nach der ich mich sehnte. Tim Ferris' Buch *Die 4-Stunden-Woche* offenbarte mir, wie ich meine Zeit und Energie besser nutzen konnte. Gary Vaynerchuks Buch *Hau rein!* machte mir klar, wie wichtig es ist, harte Arbeit zu leisten, sich zu fokussieren und hartnäckig einem Kurs zu folgen, bis der Erfolg sich einstellt.

Diese Erkenntnisse inspirierten mich, einen täglichen Podcast zu starten, in dem ich die erfolgreichsten Unternehmer der Welt interviewen und ihnen die Fragen stellen konnte, die mich interessierten. Ich nannte die Sendung *Entrepreneurs on Fire* und habe bis heute mehr als 2000 Unternehmer befragt, mit dem Ziel, den Weg zum Erfolg aufzudecken.

Ich habe zwar keine geheime Rezeptur gefunden, aber stattdessen eine Liste von Eigenschaften, die jeder erfolgreiche Unternehmer besitzt. Dazu zählen:

- Mut
- Neugierde
- Ausdauer
- Arbeitsmoral
- Die Bereitschaft, zu scheitern
- Das Bestreben, aus einem Misserfolg zu lernen
- Ein unstillbares Verlangen nach Erfolg

Obwohl sie wichtig sind, werden diese Eigenschaften dich nur bis zu einem gewissen Grad voranbringen. Der Schlüssel, den ich bei der Untersuchung dieser 2000 erfolgreichen Unternehmer entdeckt habe, besteht in der Notwendigkeit, diese Eigenschaften zu nutzen und einen klaren Plan zu formulieren. Ohne einen klaren Plan sind wir alle Schiffe ohne Ruder. Wir haben vielleicht die besten Absichten, aber wir werden in einem Meer von Ablenkungen und Lärm dahintreiben.

Ich habe dieses Journal erstellt, damit es dein Fixstern wird. Wenn du die Anweisungen auf den folgenden Seiten beherzigst, wirst du ein klares Ziel festlegen, einen Plan entwickeln, um dieses Ziel zu erreichen, und diesen Plan ausführen.

WIE DIESES JOURNAL FUNKTIONIERT

Im Leben gibt es immer viel zu tun. Dein Leben ist voller Termine. Wenn dieses Journal kompliziert und zeitaufwendig wäre, würde es nicht funktionieren. Deshalb habe ich einen unkomplizierten Prozess entwickelt, dem du einfach folgen kannst, Schritt für Schritt und Tag für Tag.

Du bekommst einen einfachen und leicht zugänglichen grundsätzlichen Rahmen vorgestellt, den du jeden Tag anwenden wirst. Dieser Rahmen wird dich anleiten, damit du dein ausgewähltes Ziel erreichen kannst.

Alle zehn Tage wirst du deine Fortschritte bewerten. Diese Bewertung gibt Aufschluss darüber, was funktioniert und was nicht. Du wirst das, was erfolgreich war, verstärken, und das, was nicht funktioniert hat, beheben.

Bis zum Tag 100 hast du den Plan, den du aufgestellt hast, abgeschlossen und dein Ziel erreicht.

Du bist 100 Tage davon entfernt, dein Ziel zu erreichen.

Du bist 100 Tage davon entfernt, Erfolg zu haben. Tag 1 beginnt heute.

LEGE DEIN ZIEL FEST

Die meisten Menschen machen schon ihren ersten Fehler, wenn sie ihr Ziel festlegen. Die Wahl vager Ziele, ohne einen zeitlichen Rahmen für die Fertigstellung vorzugeben, ist ein häufig vorkommender falscher Schritt, der es schwieriger macht, erfolgreich zu sein. Du hast die besten Chancen, dein Ziel zu erreichen, wenn du die folgenden Fragen mit *Ja* beantworten kannst.

IST DEIN ZIEL KLAR?

Du solltest in der Lage sein, jemand anderem dein Ziel darzulegen. Es ist wichtig, die Aufgabe, die du in Angriff nimmst, vollständig zu verstehen.

IST DIR DEIN ZIEL WICHTIG?

Um dieses Ziel zu erreichen, sollte es bedeutende Auswirkungen auf dein Leben haben. Anderenfalls würdest du die Motivation verlieren, wenn du darauf hinarbeitest.

BIST DU IN DER LAGE, DEN ERFOLG DEINES ZIELS ZU ERFASSEN, WENN DU ES ERREICHT HAST?

Der beste Weg, um zu wissen, ob du dein Ziel erreicht hast, ist, eine Messmethode für deinen Erfolg zu haben, sei sie nun quantitativ oder qualitativ.

HAT DEIN ZIEL EIN ENDDATUM?

Dein Ziel sollte einen bestimmten Zeitrahmen haben, innerhalb dessen es erreicht wird. Wenn du auf einen Termin hinarbeitest, kannst du einen Aktionsplan erstellen, den du innerhalb von 100 Tagen ausführen kannst.

HAST DU DIE MITTEL, DIE DU BRAUCHST?

Du hast bereits dieses Journal, aber vielleicht musst du zusätzliche Materialien kaufen oder einen Arbeitsraum finden. Wenn du zum Beispiel im Winter für einen 5-km-Lauf trainieren möchtest, musst du vielleicht warme Trainingskleidung kaufen oder nach Fitnessstudios mit Laufbändern und Indoor-Laufstrecken suchen.

HAST DU DARÜBER NACHGEDACHT, WER DIR HELFEN KÖNNTE?

Das Erreichen deines Ziels muss kein Alleingang sein. Denke darüber nach, wer dich in die Pflicht nehmen und dich auf deiner 100-tägigen Reise begleiten könnte.

HAST DU DIR DEIN ERSTES 10-TAGE-ZIEL GESETZT?

Es ist wichtig, einen guten Anfang zu machen, also setze dir ein anspruchsvolles Ziel, auf das du nach den ersten zehn Tagen stolz sein kannst!
(Wenn du dich fragst, was ein 10-Tage-Ziel ist, lies einfach weiter – ich werde es später erklären!)

Um sicherzustellen, dass dein Ziel die Merkmale hat, die dich zum Erfolg führen, findest du auf Seite 18 einen Fragebogen und auf Seite 12 Beispielantworten, die dich inspirieren sollen, dir ein lohnenswertes Ziel zu setzen.

WIE DU DEIN JOURNAL FÜHRST

Nachdem du dir dein Ziel gesetzt hast, ist es an der Zeit, Tag 1 zu beginnen. Dieses Journal wurde so konzipiert, dass es sich in dein arbeitsreiches Leben einfügt und sicherstellt, dass du das Beste aus jedem Tag herausholen kannst.

Zehn Minuten am Morgen und fünf Minuten am Abend ist alles, was du aufwenden musst, um Erfolg zu haben und dein Ziel zu erreichen.

MORGENS

Beginne jeden Tag damit, die Morgenseite auszufüllen. Die Anweisungen hier sind so angelegt, dass du den Überblick über die Aufgaben behältst, die dich zum Erfolg führen. Du wirst starke Gewohnheiten entwickeln, die Teil deines täglichen Lebens werden. In Kürze wirst du anfangen, dank der Struktur dieses Journals zu wachsen und jeden Tag mit sinnvollen Aufgaben zu füllen.

BRINGE DEINE DANKBARKEIT ZUM AUSDRUCK: Wenn du dich dazu verpflichtest, jeden Tag damit zu beginnen, über etwas nachzudenken, wofür du dankbar bist, sorgst du bewusst für einen guten Start in den Tag. Es ist so, als würdest du jeden Tag mit dem richtigen Fuß aufstehen. Ja, es ist wirklich so einfach!

FORMULIERE NOCH EINMAL DEIN ZIEL: Dies ist wichtig. Viele Menschen setzen sich ein Ziel und denken nicht mehr darüber nach. Diese Aufforderung soll sicherstellen, dass du dich jeden Tag auf dein Ziel konzentrierst. Durch diese Fokussierung rückt das Ziel näher.

SETZE DIR FÜR JEDEN TAG DREI MIKROZIELE: Diese Mikroziele sollen dafür sorgen, dass du sinnvolle Aufgaben erledigst, die deine Energie in die richtige Richtung lenken. Außerdem ist es immer wieder aufregend, jeden Tag kleine Erfolge zu erzielen, und das wird dich motivieren, während du dich deinem Ziel näherst.

STELLE EINEN AKTIONSPLAN AUF: Da du nun die drei Mikroziele kennst, die du erreichen musst, ist es an der Zeit, einen Aktionsplan aufzustellen, der sicherstellt, dass du sie erreichst. Dein Aktionsplan dient dazu, den Tagesablauf zu strukturieren, und besteht aus einzelnen Aufgaben, die im Zusammenhang mit deinem Mikroziel stehen. Dein Aktionsplan sollte diese Aufgaben in der Reihenfolge ihrer Wichtigkeit gliedern; anstelle von Multitasking solltest du die jeweils anstehende Aufgabe erledigen, bevor du zur nächsten übergehst. Nichts ist besser, als jeden Tag einen Erfolgsplan aufzustellen!

STELLE EINEN ZEITPLAN FÜR DEINE AUFGABEN AUF: Es ist wichtig, genau festzulegen, wann du mit der jeweiligen Aufgabe beginnst und wann du sie beendest. Dadurch werden deine Gedanken zielgerichtet sein und dir helfen, dich in der anberaumten Zeit zu konzentrieren. Denke nicht zu viel über den genauen Zeitrahmen nach. Schreibe einfach auf, wie viel Zeit du für notwendig erachtest, und nach und nach wirst du besser einschätzen können, wie lange du brauchst, um eine Aufgabe auszuführen.

ABENDS

Fülle am Ende eines jeden Tages die Abendseite aus. Hier kannst du darüber nachdenken, was gut gelaufen ist und was nicht, und sicherstellen, dass deine Energie sich in die richtige Richtung entfaltet. Es wird bald ein wichtiger Teil deiner Entspannungsroutine werden.

FEIERE DEINE ERFOLGE: Allzu oft konzentrieren wir uns auf die schlechten Dinge, die im Laufe des Tages passiert sind. Vergewissere dich, dass du auch die guten Dinge, die passiert sind, erkennst und würdigst.

FINDE DREI PROBLEME: Jeder Tag hat seinen Anteil an Problemen und es ist wichtig, zu ermitteln, was dich vielleicht behindert.

FINDE DREI LÖSUNGEN: Sobald du drei Probleme ermittelt hast, ist es wichtig, Lösungen für diese Probleme zu finden, damit du dich diesbezüglich verbessern und die Probleme in Zukunft lösen kannst.

BEWERTE DEINE SELBSTDISZIPLIN UND DEINEN GESAMTEN TAG: Selbstbeurteilung ist ein wichtiger Teil in dem Prozess, sich selbst zu verbessern. Gib dir selbst eine Punktzahl, um zu beurteilen, wie gut du dich an deinen Plan und deinen gesamten Tag gehalten hast. Dies ermöglicht eine ehrliche und offene Reflexion und bietet auch die Möglichkeit, deinen Fortschritt während der 100 Tage sichtbar zu verfolgen. Wie bei der Start- und Endzeit solltest du dir auch bei diesem Abschnitt nicht zu viele Gedanken machen. Folge deinem Bauchgefühl, und du wirst bald sehr geschickt darin sein, dich selbst genau zu beurteilen.

NUTZE DEINEN SCHWUNG: Bist du deinem Ziel im Laufe des Tages näher gekommen? Wenn ja, dann markiere es entsprechend, damit du sehen kannst, wie gut du in Schwung gekommen bist. Wenn nicht, dann solltest du versuchen, bei der unten beschriebenen Übung zu den abschließenden Gedanken herauszufinden, was dich zurückgehalten hat.

NOTIERE DEINE ABSCHLIESSENDEN GEDANKEN ZUM TAGE: Am Ende eines produktiven Tages wird es viele Gedanken geben, die in deinem Kopf herumschwirren. Nimm diese Gedanken auf und bring sie zu Papier. Zu einem späteren Zeitpunkt kannst du dich noch einmal darauf beziehen. Außerdem kannst du nach dieser Aktion besser schlafen, wirst erfrischt aufwachen und kannst den neuen Tag besser in Angriff nehmen!

DIE 10-TAGE-RÜCKSCHAU

Setze dir alle zehn Tage ein längerfristiges Mikroziel, das du erreichen willst und mit dem du um zehn Prozent näher an dein Gesamtziel herankommen wirst. Wenn du zum Beispiel eine neue Sprache lernen möchtest und 400 Vokabeln lernen musst, wäre es ein Mikroziel für die nächsten zehn Tage, 40 Wörter zu lernen.

In den Abschnitten zur 10-Tage-Rückschau ziehst du zu den jeweiligen 10-Tage-Zielen eine Bilanz. Du wirst feststellen, was in den letzten zehn Tagen gut funktioniert hat und was nicht, so dass du deine Erfolge steigern und alles beheben kannst, was nicht funktioniert hat. Dann setzt du dir dein nächstes 10-Tage-Ziel und machst dich ans Werk!

Es ist nicht empfehlenswert, alle diese 10-Tage-Ziele im Voraus festzulegen, da du im Laufe der 100 Tage hinter deinen Erwartungen zurückbleiben oder diese übertreffen kannst. Anstatt bestehende 10-Tage-Ziele an deinen aktuellen Fortschritt anzupassen, ist es einfacher, alle zehn Tage neue Ziele zu setzen.

ÜBERPRÜFE DEINEN FORTSCHRITT: Hast du dein letztes 10-Tage-Mikroziel erreicht? Wenn ja, toll! Nimm dir eine Minute Zeit, um stolz auf deine Leistung zu sein. Wenn nicht, nimm dir eine Minute Zeit, um darüber nachzudenken, warum du es nicht geschafft hast. Es wird später mehr Zeit geben, darüber nachzudenken.

FINDE HERAUS, WAS FUNKTIONIERT: In den letzten 10 Tagen hast du viele Erfolge verbucht. Wähle drei aus, von denen du glaubst, dass sie eine große Rolle für deinen gesamten Erfolg gespielt haben.

Verstärke dein Erfolgserlebnis: Da du jetzt deine größten Erfolge bestimmt hast, ist es an der Zeit, einen Plan zu entwickeln, um aus den Erfolgen Gewohnheiten zu machen.

FINDE HERAUS, WAS NICHT FUNKTIONIERT: Es gibt nicht nur Erfolge, sondern auch Konflikte und Probleme. Finde drei beständige oder wiederkehrende Probleme, denen du in den letzten zehn Tagen begegnet bist. Wenn du zum Beispiel versuchst,

Gewicht zu verlieren und einen Freund hast, der dich überredet, jeden Abend Eis zum Nachtisch zu essen, ist das eine Herausforderung, der du dich stellen musst, wenn du dein Ziel erreichen willst.

STELLE DICH DEN HERAUSFORDERUNGEN: Da du nun deine größten Probleme definiert hast, ist es an der Zeit, einen Plan zu entwickeln, um den Schaden, den sie verursachen, so gering wie möglich zu halten. Erzähle zum Beispiel deinem Freund, dass du nicht mit ihm Eis essen kannst, sondern stattdessen zu einem 15-minütigen Spaziergang nach dem Abendessen vorbeikommst. Auf diese Weise verbringst du immer noch Zeit mit deinem Freund, aber auf eine viel produktivere Weise, die dich deinem Ziel näherbringt.

TRAGE DEINE BEWERTUNGEN IN DIE CHARTS EIN: Nach jeweils zehn Tagen wirst du die Bewertungen, die du für deine Selbstdisziplin und den gesamten Tag abgegeben hast, für diesen Zeitraum aufzeichnen. Das Diagramm bietet die Möglichkeit, deinen Fortschritt und deine Motivation in den letzten zehn Tagen bildlich nachzuvollziehen und die Tendenzen für dein weiteres Vorankommen zu erkennen.

SETZE DIR DEIN NÄCHSTES 10-TAGE-ZIEL: Unter dem Diagramm findest du Platz, um das nächste Mikroziel, das du dir setzt, schriftlich zu formulieren. Wenn du dein vorheriges Mikroziel erreicht hast, ist es an der Zeit, die Grenzen zu erweitern und dieses Ziel ambitionierter zu gestalten. Wenn du dein vorheriges Mikroziel nicht erreicht hast, betrachte dies als eine Gelegenheit, dir ein völlig neues Ziel zu setzen und das Gelernte in den nächsten zehn Tagen anzuwenden.

WENN DU DEIN ZIEL ERREICHT HAST

Was passiert, wenn du den Tag 100 erreicht hast? Dann ist es Zeit, zu feiern! Du hast gerade eine große Leistung vollbracht! Ob du voll ins Schwarze getroffen oder dein Ziel ein wenig verfehlt hast, du hast auf jeden Fall einen langen Weg hinter dich gebracht. Um dir zu helfen, über deine Erfahrungen nachzudenken, gibt es auf den Seiten 244–245 Fragen, die du nach Lust und Laune sehr ausführlich oder eher kursorisch beantworten kannst. Das Wichtigste ist, dass du dich mit deinen Antworten beschäftigst und ein besseres Verständnis für deine Schwächen und Stärken entwickelst. Dies wird es dir ermöglichen, dich in jeder Facette deines Lebens weiterzuentwickeln.

Wenn du dein Ziel früher erreicht hast als geplant, herzlichen Glückwunsch! Ich empfehle dir, dein Ziel höher zu setzen und zu schauen, was du in den verbleibenden Tagen erreichen kannst. Wenn das nicht möglich ist, dann versuche, dir ein anderes Ziel zu setzen, das du innerhalb der Zeitspanne, die du noch hast, erreichen kannst. Ansonsten kannst du direkt zu den Reflexionsfragen übergehen.

BEISPIELSEITEN

MEIN ZIEL

DU KANNST NUN VOLL DURCHSTARTEN UND DIESE FRAGEN BENUTZEN, UM DEIN ZIEL GENAUER ZU BESCHREIBEN, DEINE ERWARTUNGEN ZU FORMULIEREN UND ALLE RESSOURCEN AUFZULISTEN, DIE DIR DABEI HELFEN.

Beschreibe dein Ziel

Mein Ziel ist es, ein Buch über die zehn besten Methoden zu schreiben, wie man zu einem besseren Schlaf findet.

Warum möchtest du dieses Ziel erreichen?

Ich möchte sowohl Autor sein als auch eine Autorität in der Marktnische Schlaf. Ich verfüge über das nötige Wissen zu diesem Thema, und ich weiß, dass es Tausenden von Menschen helfen wird, wenn ich mein Wissen zu Papier bringe und das Buch veröffentliche.

Wie wirst du feststellen, dass du dieses Ziel erreicht hast?

Ich werde ein 40.000 Worte umfassendes Manuskript geschrieben haben, das eine Einleitung und zehn Kapitel hat. Ich werde auch einen Lektor und einen Layouter haben, die mir helfen werden, an meinem Buch zu arbeiten.

Wann wirst du dieses Ziel erreicht haben?

Ich werde mein Ziel in 100 Tagen erreicht haben.

Welche Mittel benutzt du, um dieses Ziel zu erreichen?

Ich brauche einen Computer, um an meinem Manuskript zu arbeiten, einen Timer, um die Zeit festzuhalten, die ich auf meine Aufgaben verwende, und dieses Journal, um auf Kurs zu bleiben. Ich brauche auch einen ruhigen Arbeitsplatz.

Wer kann dir helfen, dieses Ziel zu erreichen?

Ich werde einen Lektor und einen Layouter finden, die mir helfen werden, an meinem Manuskript zu feilen. Ich werde auch Familie und Freunde bitten, mir zu helfen, sich Gedanken zu machen oder mir Feedback zu geben, wenn ich das Gefühl habe, nicht weiterzukommen.

DA DU NUN DIE OBIGEN FRAGEN BEANTWORTET HAST, FORMULIERE DEIN ZIEL NOCH EINMAL, UND ACHTE DARAUF, DASS DU ALLE DETAILS ANGIBST, DIE DU GERADE AUFGESCHRIEBEN HAST.

MEIN 100-TAGE-ZIEL

Mein 100-Tage-Ziel ist es, bis zum 4. Juli ein 40.000 Worte umfassendes Buch mit Einleitung und zehn Kapiteln zu schreiben. Es behandelt die zehn besten Methoden, besser schlafen zu können, wodurch ich mein Wissen über Schlaf an Tausende von Menschen weitergeben kann.

BIST DU BEREIT, LOSZULEGEN? SCHREIBE DEIN ERSTES 10-TAGE-ZIEL AUF UND DANN BIST DU SO WEIT.

Was ist dein erstes 10-Tage-Ziel?

Ich fertige einen ersten Entwurf für mein Buch an, beschränke die Anzahl der möglichen Lektoren auf drei und schreibe 4.000 Worte.

TAG 1

Datum: 1. Januar

MORGENS

BEGINNE JEDEN TAG MIT DANKBARKEIT, UM MIT EINEM POSITIVEN GRUNDGEFÜHL DURCHSTARTEN ZU KÖNNEN.

Ich bin dankbar für:

Die Möglichkeit, an Projekten zu arbeiten, die mir Spaß machen und die mich vor Herausforderungen stellen.

WIEDERHOLE TÄGLICH DEIN ZIEL, UM DEINE GEDANKEN AUF DIE ANSTEHENDE AUFGABE ZU FOKUSSIEREN.

In 99 Tagen werde ich:

Mein erstes Buch geschrieben haben.

LEGE DEINE TÄGLICHEN MIKROZIELE FEST UND LASSE DICH AUF DAS EIN, WAS DU AN DIESEM TAG ERREICHEN WILLST.

Um mein Ziel zu erreichen, werde ich heute die folgenden drei Mikroziele in Angriff nehmen:

1. Ich überlege mir Buchtitel und werde mich für drei entscheiden, die in die Endauswahl kommen.
2. Ich fertige ein erstes Inhaltsverzeichnis für das Buch an.
3. Ich beginne, eine Liste potenzieller Lektoren aufzusetzen.

DIE AUSARBEITUNG EINES TAGESPLANS STELLT SICHER, DASS DU DEINE MIKROZIELE ERREICHST.

Mein Aktionsplan für den Tag:

Aufgabe	Start	Ende
☑ Ich verbringe eine Stunde damit, die Bücher meiner Sparte durchzugehen und notiere mir die Titel, die mir gefallen.	9:04 Uhr	9:46 Uhr
☑ Ich schreibe 20 mögliche Titel auf und verbringe eine Stunde damit, mich dann auf drei zu beschränken.	10:14 Uhr	10:57 Uhr
☑ Ich forsche nach, wie man eine Gliederung anfertigt.	11:11 Uhr	11:51 Uhr
☑ Ich fertige einen ersten Entwurf an, wie mein Buch aufgebaut sein soll.	12:13 Uhr	13:01 Uhr
☑ Ich suche potenzielle Lektoren, die mit anderen Autoren in meiner Sparte gearbeitet haben.	14:19 Uhr	15:21 Uhr

ABENDS

ES IST LEICHT, SICH NUR AUF DAS NEGATIVE ZU KONZENTRIEREN. SORGE DAFÜR, DASS DU DEINE ERFOLGE WÜRDIGST!

Wunderbare Dinge, die heute passiert sind:

Ich habe meine potenziellen Buchtitel auf drei mögliche reduziert. Ich finde sie alle toll! Ich habe auch etwas verfasst, das ich als großartigen ersten Entwurf für das Buch betrachte.

FINDE HERAUS, WO DU NICHT RICHTIG VORANKOMMST, UND KORRIGIERE DEINE HANDLUNGEN FÜR DIE ZUKUNFT.

Drei Probleme, mit denen ich konfrontiert bin:

1. Ich hadere mit dem Untertitel für mein Buch.
2. Einen Entwurf anzufertigen ist schwer!
3. Einen Lektor in meiner Sparte und in meiner Preisklasse zu finden wird schwierig!

NACHDEM DU DIE PROBLEME HERAUSGEFUNDEN HAST, ENTWICKLE EINEN PLAN, UM SIE ZU LÖSEN.

Mögliche Lösungen für diese Probleme:

1. Ich werde Freunde und Familie befragen, ob sie Ideen für Untertitel haben.
2. Ich werde mir einen erfahrenen Autoren suchen, der mit mir an einem zweiten Entwurf arbeitet.
3. Ich werde Autoren fragen, ob sie einen Lektoren empfehlen können, der gut passt.

WIE GUT HAST DU DICH AN DEINEN AKTIONSPLAN GEHALTEN? GIB EINE BEWERTUNG VON 1 AB FÜR »ÜBERHAUPT NICHT« UND 5 FÜR »VOLLSTÄNDIG«. BEWERTE EINEN SCHRECKLICHEN TAG MIT 1 UND EINEN PERFEKTEN TAG MIT 5.

SELBSTDISZIPLIN:

1 2 3 4 5 (6) 7 8 9 10

GESAMTTAG:

1 2 3 (4) 5 6 7 8 9 10

MACHE DICH SELBST FÜR DEINE EIGENEN FORTSCHRITTE VERANTWORTLICH.

Bin ich meinem Ziel heute näher gekommen als gestern?

☑ Ja ☐ Nein

WIR GEBEN UNS SELTEN GENÜGEND FREIRAUM, UM EINFACH NUR ZU DENKEN. NIMM DIR DIE ZEIT, DENKE ÜBER DEN TAG NACH UND SCHREIBE DIE GEDANKEN AUF, WIE SIE KOMMEN.

Letzte Gedanken zum Tage:

Ich habe einige Dinge entdeckt, an denen ich ernsthaft arbeiten muss, aber ich freue mich darauf, mehr zu lernen!

10-TAGE-RÜCKSCHAU

WENN DU DIR EIN ZIEL SETZT, BIST DU SELBST DAFÜR VERANTWORTLICH, ES ZU ERREICHEN.

Hast du dein 10-Tage-Ziel erreicht?

☑ Ja ☐ Nein

FINDE HERAUS, WAS GUT FUNKTIONIERT HAT, DAMIT DU DEN ENTSPRECHENDEN ERFOLG WIEDERHOLEN KANNST.

Drei Dinge, die in den letzten zehn Tagen gut funktioniert haben:

1. Ich habe zwei einstündige Zeitblöcke eingerichtet, in denen ich mich ganz auf das Schreiben konzentrieren konnte.
2. Ich habe mit Autoren gesprochen, die ihre Bücher erfolgreich im Eigenverlag publiziert haben. Ich habe dabei viel gelernt!
3. Ich habe meine Freunde und Familie befragt. Sie haben großartige Ideen!

DENKE DARÜBER NACH, WIE DU DAS, WAS BEREITS FUNKTIONIERT, NOCH VERBESSERN KANNST.

Mein Plan, diese Erfolge noch zu optimieren:

1. Ich verpflichte mich zu mindestens zwei einstündigen Schreibsessions täglich.
2. Ich möchte jeden Freitag ein 20-minütiges Gespräch mit einem Autoren führen.
3. Ich werde die Marketingstrategien erfolgreicher Autoren untersuchen.

FINDE HERAUS, WELCHE HINDERNISSE BEI DEINEM FORTSCHRITT AUFGETAUCHT SIND.

Drei Probleme, mit denen ich in den letzten Tagen zu kämpfen hatte:

1. Antworten von den Autoren zu bekommen. Sie sind anscheinend alle sehr beschäftigt!
2. Marketingpläne für die Veröffentlichung meines Buches zu entwickeln.

3. Mich nicht ablenken zu lassen.

DENKE DOCH EINMAL DARÜBER NACH, WIE DU DAS, WAS NICHT FUNKTIONIERT, VERBESSERN KANNST.

Mein Plan, diese Probleme zu beheben:

1. Ich werde meine Bemühungen verdoppeln und Autoren suchen, die mich unterstützen.

2. Ich werde mit Autoren, die ihre Bücher mit Erfolg selbst publizieren, über Marketingmaßnahmen sprechen.

3. Ich werde mein Smartphone auf Flugmodus stellen. Nichts einfacher als das!

TRAGE DEINE BEWERTUNGEN ZUR TÄGLICHEN SELBSTDISZIPLIN UND DEN GESAMTEN TAG IN DIE CHARTS EIN UND SCHAUE, OB UND WIE SICH DIE CHARTS IM VERLAUF DER ZEHN TAGE VERÄNDERT HABEN.

SELBSTDISZIPLIN-CHART

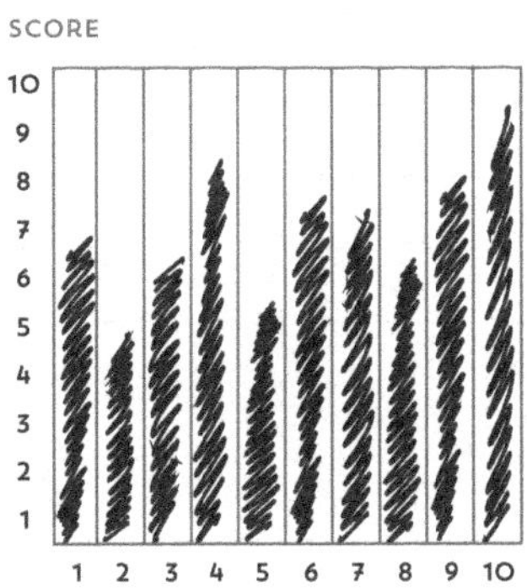

TAGES-CHARTS

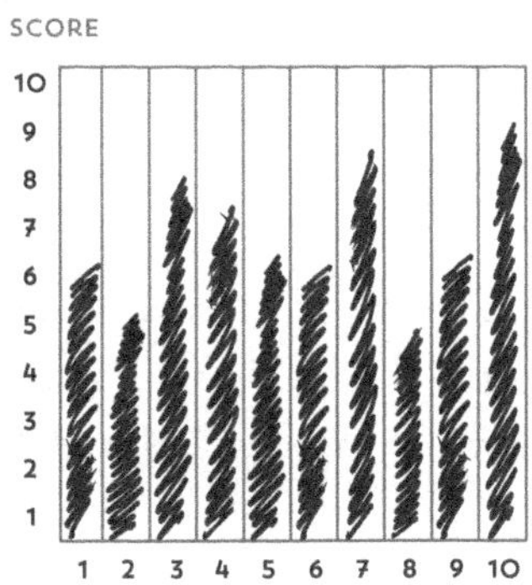

SCHREIBE DEIN NÄCHSTES 10-TAGE-ZIEL AUF. NIMM DIR VOR, MINDESTENS ZEHN PROZENT NÄHER AN DEIN GESAMTZIEL HERANZUKOMMEN.

MEIN NÄCHSTES 10-TAGE-ZIEL:

Ich werde 8000 Worte geschrieben haben!

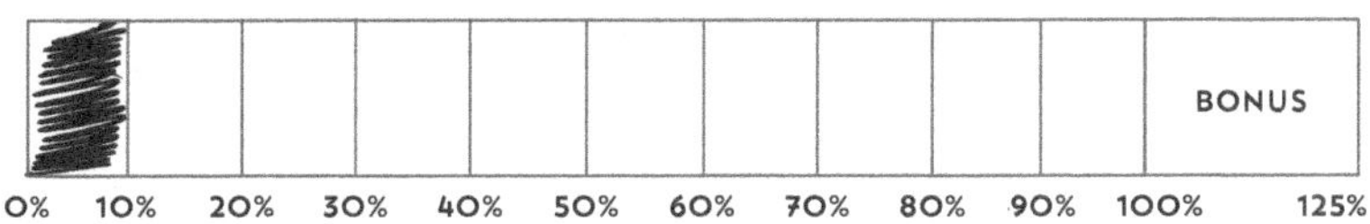

MEIN ZIEL

Beschreibe dein Ziel

Warum möchtest du dieses Ziel erreichen?

Wie wirst du feststellen, dass du dieses Ziel erreicht hast?

Wann wirst du dieses Ziel erreicht haben?

Welche Mittel benutzt du, um dieses Ziel zu erreichen?

Wer kann dir helfen, dieses Ziel zu erreichen?

MEIN 100-TAGE-ZIEL:

Was ist dein erstes 10-Tage-Ziel?

»WENN MAN ZUVERSICHTLICH SEINEN TRÄUMEN FOLGT UND SICH BEMÜHT, SO ZU LEBEN, WIE MAN ES SICH VORGESTELLT HAT, WIRD MAN UNERWARTET VON ERFOLG GEKRÖNT.«

—Henry David Thoreau, *Walden*

KALENDER

TAG 1 DATUM:	TAG 2 DATUM:	TAG 3 DATUM:	TAG 4 DATUM:	TAG 5 DATUM:
TAG 6 DATUM:	TAG 7 DATUM:	TAG 8 DATUM:	TAG 9 DATUM:	TAG 10 DATUM: 10-TAGE-RÜCKBLICK
TAG 11 DATUM:	TAG 12 DATUM:	TAG 13 DATUM:	TAG 14 DATUM:	TAG 15 DATUM:
TAG 16 DATUM:	TAG 17 DATUM:	TAG 18 DATUM:	TAG 19 DATUM:	TAG 20 DATUM: 10-TAGE-RÜCKBLICK
TAG 21 DATUM:	TAG 22 DATUM:	TAG 23 DATUM:	TAG 24 DATUM:	TAG 25 DATUM:

TAG 26 DATUM:	TAG 27 DATUM:	TAG 28 DATUM:	TAG 29 DATUM:	TAG 30 DATUM: 10-TAGE-RÜCKBLICK
TAG 31 DATUM:	TAG 32 DATUM:	TAG 33 DATUM:	TAG 34 DATUM:	TAG 35 DATUM:
TAG 36 DATUM:	TAG 37 DATUM:	TAG 38 DATUM:	TAG 39 DATUM:	TAG 40 DATUM: 10-TAGE-RÜCKBLICK
TAG 41 DATUM:	TAG 42 DATUM:	TAG 43 DATUM:	TAG 44 DATUM:	TAG 45 DATUM:
TAG 46 DATUM:	TAG 47 DATUM:	TAG 48 DATUM:	TAG 49 DATUM:	TAG 50 DATUM: 10-TAGE-RÜCKBLICK

TAG 51 DATUM:	TAG 52 DATUM:	TAG 53 DATUM:	TAG 54 DATUM:	TAG 55 DATUM:
TAG 56 DATUM:	TAG 57 DATUM:	TAG 58 DATUM:	TAG 59 DATUM:	TAG 60 DATUM: 10-TAGE-RÜCKBLICK
TAG 61 DATUM:	TAG 62 DATUM:	TAG 63 DATUM:	TAG 64 DATUM:	TAG 65 DATUM:
TAG 66 DATUM:	TAG 67 DATUM:	TAG 68 DATUM:	TAG 69 DATUM:	TAG 70 DATUM: 10-TAGE-RÜCKBLICK
TAG 71 DATUM:	TAG 72 DATUM:	TAG 73 DATUM:	TAG 74 DATUM:	TAG 75 DATUM:

TAG 76 DATUM:	TAG 77 DATUM:	TAG 78 DATUM:	TAG 79 DATUM:	TAG 80 DATUM: 10-TAGE-RÜCKBLICK
TAG 81 DATUM:	TAG 82 DATUM:	TAG 83 DATUM:	TAG 84 DATUM:	TAG 85 DATUM:
TAG 86 DATUM:	TAG 87 DATUM:	TAG 88 DATUM:	TAG 89 DATUM:	TAG 90 DATUM: 10-TAGE-RÜCKBLICK
TAG 91 DATUM:	TAG 92 DATUM:	TAG 93 DATUM:	TAG 94 DATUM:	TAG 95 DATUM:
TAG 96 DATUM:	TAG 97 DATUM:	TAG 98 DATUM:	TAG 99 DATUM:	TAG 100 DATUM: 10-TAGE-RÜCKBLICK

TAG 1

Datum: ____________

MORGENS

Ich bin dankbar für:

____

____

In 99 Tagen werde ich:

____

____

Um mein Ziel zu erreichen, werde ich heute die folgenden drei Mikroziele in Angriff nehmen:

1. ______________________________
2. ______________________________
3. ______________________________

Mein Aktionsplan für den Tag:

Aufgabe	Start	Ende
☐		
☐		
☐		
☐		
☐		

ABENDS

Wunderbare Dinge, die heute passiert sind:

____

____

____

Drei Probleme, mit denen ich konfrontiert bin:

1. ______________________________
2. ______________________________
3. ______________________________

Mögliche Lösungen für diese Probleme:

1. ______________________________
2. ______________________________
3. ______________________________

SELBSTDISZIPLIN:

1 2 3 4 5 6 7 8 9 10

GESAMTTAG:

1 2 3 4 5 6 7 8 9 10

Bin ich meinem Ziel heute näher gekommen als gestern?

☐ Ja ☐ Nein

Letzte Gedanken zum Tage:

____

____

____

____

____

TAG 2

Datum: ______________

MORGENS

Ich bin dankbar für:

____

____

In 98 Tagen werde ich:

____

____

Um mein Ziel zu erreichen, werde ich heute die folgenden drei Mikroziele in Angriff nehmen:

1. ____
2. ____
3. ____

Mein Aktionsplan für den Tag:

Aufgabe	Start	Ende
☐		
☐		
☐		
☐		
☐		

ABENDS

Wunderbare Dinge, die heute passiert sind:

____

____

____

Drei Probleme, mit denen ich konfrontiert bin:

1. ______________________________
2. ______________________________
3. ______________________________

Mögliche Lösungen für diese Probleme:

1. ______________________________
2. ______________________________
3. ______________________________

SELBSTDISZIPLIN:

1 2 3 4 5 6 7 8 9 10

GESAMTTAG:

1 2 3 4 5 6 7 8 9 10

Bin ich meinem Ziel heute näher gekommen als gestern?

☐ Ja ☐ Nein

Letzte Gedanken zum Tage:

____

____

____

____

____

TAG 3

Datum: ____________

MORGENS

Ich bin dankbar für:

____

____

In 97 Tagen werde ich:

____

____

Um mein Ziel zu erreichen, werde ich heute die folgenden drei Mikroziele in Angriff nehmen:

1. ______________________________________
2. ______________________________________
3. ______________________________________

Mein Aktionsplan für den Tag:

Aufgabe	Start	Ende
☐		
☐		
☐		
☐		
☐		

ABENDS

Wunderbare Dinge, die heute passiert sind:

____

____

____

Drei Probleme, mit denen ich konfrontiert bin:

1. ______________________________
2. ______________________________
3. ______________________________

Mögliche Lösungen für diese Probleme:

1. ______________________________
2. ______________________________
3. ______________________________

SELBSTDISZIPLIN:

1 2 3 4 5 6 7 8 9 10

GESAMTTAG:

1 2 3 4 5 6 7 8 9 10

Bin ich meinem Ziel heute näher gekommen als gestern?

☐ Ja ☐ Nein

Letzte Gedanken zum Tage:

____

____

____

____

____

TAG 4

Datum: ____________

MORGENS

Ich bin dankbar für:

____

____

In 96 Tagen werde ich:

____

____

Um mein Ziel zu erreichen, werde ich heute die folgenden drei Mikroziele in Angriff nehmen:

1. ______________________________
2. ______________________________
3. ______________________________

Mein Aktionsplan für den Tag:

Aufgabe	Start	Ende
☐		
☐		
☐		
☐		
☐		

ABENDS

Wunderbare Dinge, die heute passiert sind:

____

____

____

Drei Probleme, mit denen ich konfrontiert bin:

1. ______________________________

2. ______________________________

3. ______________________________

Mögliche Lösungen für diese Probleme:

1. ______________________________

2. ______________________________

3. ______________________________

SELBSTDISZIPLIN:

1 2 3 4 5 6 7 8 9 10

GESAMTTAG:

1 2 3 4 5 6 7 8 9 10

Bin ich meinem Ziel heute näher gekommen als gestern?

☐ Ja ☐ Nein

Letzte Gedanken zum Tage:

____

____

____

____

____

TAG 5

Datum: ____________

MORGENS

Ich bin dankbar für:

____

____

In 95 Tagen werde ich:

____

____

Um mein Ziel zu erreichen, werde ich heute die folgenden drei Mikroziele in Angriff nehmen:

1. ______________________________
2. ______________________________
3. ______________________________

Mein Aktionsplan für den Tag:

Aufgabe	Start	Ende
☐		
☐		
☐		
☐		
☐		

ABENDS

Wunderbare Dinge, die heute passiert sind:

____

____

____

Drei Probleme, mit denen ich konfrontiert bin:

1. ____________________________
2. ____________________________
3. ____________________________

Mögliche Lösungen für diese Probleme:

1. ____________________________
2. ____________________________
3. ____________________________

SELBSTDISZIPLIN:

1 2 3 4 5 6 7 8 9 10

GESAMTTAG:

1 2 3 4 5 6 7 8 9 10

Bin ich meinem Ziel heute näher gekommen als gestern?

☐ Ja ☐ Nein

Letzte Gedanken zum Tage:

____

____

____

____

____

TAG 6

Datum: ____________

MORGENS

Ich bin dankbar für:

____

____

In 94 Tagen werde ich:

____

____

Um mein Ziel zu erreichen, werde ich heute die folgenden drei Mikroziele in Angriff nehmen:

1. ______________________________________
2. ______________________________________
3. ______________________________________

Mein Aktionsplan für den Tag:

Aufgabe	Start	Ende
☐		
☐		
☐		
☐		
☐		

ABENDS

Wunderbare Dinge, die heute passiert sind:

____

____

____

Drei Probleme, mit denen ich konfrontiert bin:

1. ____________________________
2. ____________________________
3. ____________________________

Mögliche Lösungen für diese Probleme:

1. ____________________________
2. ____________________________
3. ____________________________

SELBSTDISZIPLIN:

1 2 3 4 5 6 7 8 9 10

GESAMTTAG:

1 2 3 4 5 6 7 8 9 10

Bin ich meinem Ziel heute näher gekommen als gestern?

☐ Ja ☐ Nein

Letzte Gedanken zum Tage:

____

____

____

____

____

TAG 7

Datum: ____________

MORGENS

Ich bin dankbar für:

____

____

In 93 Tagen werde ich:

____

____

Um mein Ziel zu erreichen, werde ich heute die folgenden drei Mikroziele in Angriff nehmen:

1. ______________________________________
2. ______________________________________
3. ______________________________________

Mein Aktionsplan für den Tag:

Aufgabe	Start	Ende
☐		
☐		
☐		
☐		
☐		

ABENDS

Wunderbare Dinge, die heute passiert sind:

___

___

___

Drei Probleme, mit denen ich konfrontiert bin:

1. ___
2. ___
3. ___

Mögliche Lösungen für diese Probleme:

1. ___
2. ___
3. ___

SELBSTDISZIPLIN:

1 2 3 4 5 6 7 8 9 10

GESAMTTAG:

1 2 3 4 5 6 7 8 9 10

Bin ich meinem Ziel heute näher gekommen als gestern?

☐ Ja ☐ Nein

Letzte Gedanken zum Tage:

___

___

___

___

___

TAG 8

Datum: ______________

MORGENS

Ich bin dankbar für:

____

____

In 92 Tagen werde ich:

____

____

Um mein Ziel zu erreichen, werde ich heute die folgenden drei Mikroziele in Angriff nehmen:

1. ______________________________
2. ______________________________
3. ______________________________

Mein Aktionsplan für den Tag:

Aufgabe	Start	Ende
☐		
☐		
☐		
☐		
☐		

ABENDS

Wunderbare Dinge, die heute passiert sind:

Drei Probleme, mit denen ich konfrontiert bin:

1.
2.
3.

Mögliche Lösungen für diese Probleme:

1.
2.
3.

SELBSTDISZIPLIN:

1 2 3 4 5 6 7 8 9 10

GESAMTTAG:

1 2 3 4 5 6 7 8 9 10

Bin ich meinem Ziel heute näher gekommen als gestern?

☐ Ja ☐ Nein

Letzte Gedanken zum Tage:

TAG 9

Datum: ____________

MORGENS

Ich bin dankbar für:

____

____

In 91 Tagen werde ich:

____

____

Um mein Ziel zu erreichen, werde ich heute die folgenden drei Mikroziele in Angriff nehmen:

1. ______________________________________
2. ______________________________________
3. ______________________________________

Mein Aktionsplan für den Tag:

Aufgabe	Start	Ende
☐		
☐		
☐		
☐		
☐		

ABENDS

Wunderbare Dinge, die heute passiert sind:

____

____

____

Drei Probleme, mit denen ich konfrontiert bin:

1. ____________________________
2. ____________________________
3. ____________________________

Mögliche Lösungen für diese Probleme:

1. ____________________________
2. ____________________________
3. ____________________________

SELBSTDISZIPLIN:

1 2 3 4 5 6 7 8 9 10

GESAMTTAG:

1 2 3 4 5 6 7 8 9 10

Bin ich meinem Ziel heute näher gekommen als gestern?

☐ Ja ☐ Nein

Letzte Gedanken zum Tage:

____

____

____

____

____

TAG 10

Datum: ____________

MORGENS

Ich bin dankbar für:

____

____

In 90 Tagen werde ich:

____

____

Um mein Ziel zu erreichen, werde ich heute die folgenden drei Mikroziele in Angriff nehmen:

1. ______________________________
2. ______________________________
3. ______________________________

Mein Aktionsplan für den Tag:

Aufgabe	Start	Ende
☐		
☐		
☐		
☐		
☐		

ABENDS

Wunderbare Dinge, die heute passiert sind:

Drei Probleme, mit denen ich konfrontiert bin:

1.
2.
3.

Mögliche Lösungen für diese Probleme:

1.
2.
3.

SELBSTDISZIPLIN:

1 2 3 4 5 6 7 8 9 10

GESAMTTAG:

1 2 3 4 5 6 7 8 9 10

Bin ich meinem Ziel heute näher gekommen als gestern?

☐ Ja ☐ Nein

Letzte Gedanken zum Tage:

10-TAGE-RÜCKSCHAU

Hast du dein 10-Tage-Ziel erreicht?

☐ Ja ☐ Nein

Drei Dinge, die in den letzten zehn Tagen gut funktioniert haben:

1. ______________________________

2. ______________________________

3. ______________________________

Mein Plan, diese Erfolge noch zu optimieren:

1. ______________________________

2. ______________________________

3. ______________________________

Drei Probleme, mit denen ich in den letzten Tagen zu kämpfen hatte:

1. ______________________________

2. ______________________________

3. ______________________________

Mein Plan, diese Probleme zu beheben:

1. ______________________________

2. ______________________________

3. ______________________________

SELBSTDISZIPLIN-CHART

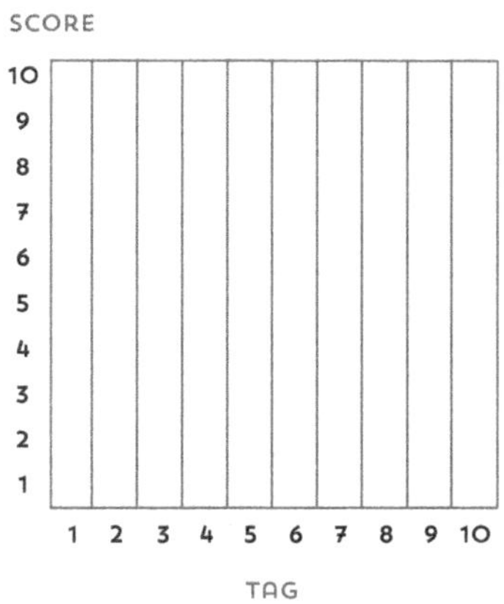

TAGES-CHARTS

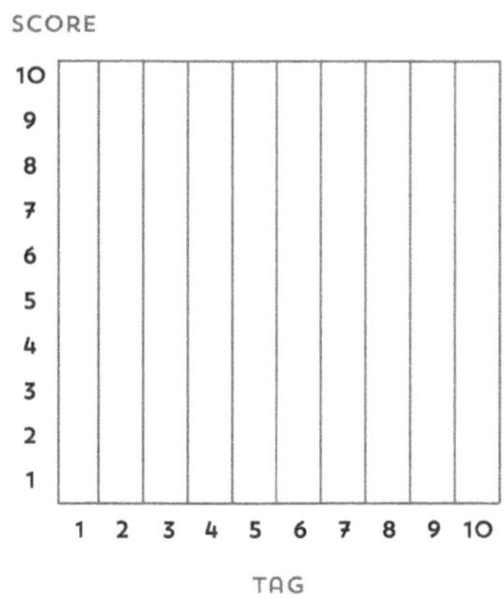

MEIN NÄCHSTES 10-TAGE-ZIEL:

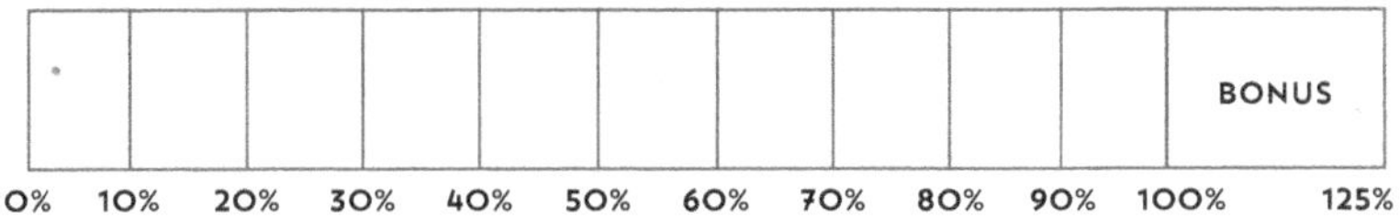

»WER ETWAS GROẞARTIGES ERREICHEN WILL, MUSS NICHT NUR HANDELN, SONDERN AUCH TRÄUMEN, NICHT NUR PLANEN, SONDERN AUCH DARAN GLAUBEN.«

—Anatole France

TAG 11

Datum: ___________

MORGENS

Ich bin dankbar für:

____

____

In 89 Tagen werde ich:

____

____

Um mein Ziel zu erreichen, werde ich heute die folgenden drei Mikroziele in Angriff nehmen:

1. ______________________________
2. ______________________________
3. ______________________________

Mein Aktionsplan für den Tag:

Aufgabe	Start	Ende
☐		
☐		
☐		
☐		
☐		

ABENDS

Wunderbare Dinge, die heute passiert sind:

Drei Probleme, mit denen ich konfrontiert bin:

1.
2.
3.

Mögliche Lösungen für diese Probleme:

1.
2.
3.

SELBSTDISZIPLIN:

1 2 3 4 5 6 7 8 9 10

GESAMTTAG:

1 2 3 4 5 6 7 8 9 10

Bin ich meinem Ziel heute näher gekommen als gestern?

☐ Ja ☐ Nein

Letzte Gedanken zum Tage:

TAG 12

Datum: ____________

MORGENS

Ich bin dankbar für:

____

____

In 88 Tagen werde ich:

____

____

Um mein Ziel zu erreichen, werde ich heute die folgenden drei Mikroziele in Angriff nehmen:

1. ______________________________
2. ______________________________
3. ______________________________

Mein Aktionsplan für den Tag:

Aufgabe	Start	Ende
☐		
☐		
☐		
☐		
☐		

ABENDS

Wunderbare Dinge, die heute passiert sind:

____

____

____

Drei Probleme, mit denen ich konfrontiert bin:

1. _______________
2. _______________
3. _______________

Mögliche Lösungen für diese Probleme:

1. _______________
2. _______________
3. _______________

SELBSTDISZIPLIN:

1 2 3 4 5 6 7 8 9 10

GESAMTTAG:

1 2 3 4 5 6 7 8 9 10

Bin ich meinem Ziel heute näher gekommen als gestern?

☐ Ja ☐ Nein

Letzte Gedanken zum Tage:

____

____

____

____

____

TAG 13

Datum: ____________

MORGENS

Ich bin dankbar für:

____

____

In 87 Tagen werde ich:

____

____

Um mein Ziel zu erreichen, werde ich heute die folgenden drei Mikroziele in Angriff nehmen:

1. ______________________________
2. ______________________________
3. ______________________________

Mein Aktionsplan für den Tag:

Aufgabe	Start	Ende
☐		
☐		
☐		
☐		
☐		

ABENDS

Wunderbare Dinge, die heute passiert sind:

____

____

____

Drei Probleme, mit denen ich konfrontiert bin:

1. ______________________________

2. ______________________________

3. ______________________________

Mögliche Lösungen für diese Probleme:

1. ______________________________

2. ______________________________

3. ______________________________

SELBSTDISZIPLIN:

1 2 3 4 5 6 7 8 9 10

GESAMTTAG:

1 2 3 4 5 6 7 8 9 10

Bin ich meinem Ziel heute näher gekommen als gestern?

☐ Ja ☐ Nein

Letzte Gedanken zum Tage:

____

____

____

____

____

TAG 14

Datum: ____________

MORGENS

Ich bin dankbar für:

____

____

In 86 Tagen werde ich:

____

____

Um mein Ziel zu erreichen, werde ich heute die folgenden drei Mikroziele in Angriff nehmen:

1. ______________________________
2. ______________________________
3. ______________________________

Mein Aktionsplan für den Tag:

Aufgabe	Start	Ende
☐		
☐		
☐		
☐		
☐		

ABENDS

Wunderbare Dinge, die heute passiert sind:

Drei Probleme, mit denen ich konfrontiert bin:

1.
2.
3.

Mögliche Lösungen für diese Probleme:

1.
2.
3.

SELBSTDISZIPLIN:

1 2 3 4 5 6 7 8 9 10

GESAMTTAG:

1 2 3 4 5 6 7 8 9 10

Bin ich meinem Ziel heute näher gekommen als gestern?

☐ Ja ☐ Nein

Letzte Gedanken zum Tage:

TAG 15

Datum: ____________

MORGENS

Ich bin dankbar für:

____

____

In 85 Tagen werde ich:

____

____

Um mein Ziel zu erreichen, werde ich heute die folgenden drei Mikroziele in Angriff nehmen:

1. ______________________________
2. ______________________________
3. ______________________________

Mein Aktionsplan für den Tag:

Aufgabe	Start	Ende
☐		
☐		
☐		
☐		
☐		

ABENDS

Wunderbare Dinge, die heute passiert sind:

Drei Probleme, mit denen ich konfrontiert bin:

1.
2.
3.

Mögliche Lösungen für diese Probleme:

1.
2.
3.

SELBSTDISZIPLIN:

1 2 3 4 5 6 7 8 9 10

GESAMTTAG:

1 2 3 4 5 6 7 8 9 10

Bin ich meinem Ziel heute näher gekommen als gestern?

☐ Ja ☐ Nein

Letzte Gedanken zum Tage:

TAG 16

Datum: ____________

MORGENS

Ich bin dankbar für:

____

____

In 84 Tagen werde ich:

____

____

Um mein Ziel zu erreichen, werde ich heute die folgenden drei Mikroziele in Angriff nehmen:

1. ______________________________
2. ______________________________
3. ______________________________

Mein Aktionsplan für den Tag:

Aufgabe	Start	Ende
☐		
☐		
☐		
☐		
☐		

ABENDS

Wunderbare Dinge, die heute passiert sind:

____

____

____

Drei Probleme, mit denen ich konfrontiert bin:

1. ____________________
2. ____________________
3. ____________________

Mögliche Lösungen für diese Probleme:

1. ____________________
2. ____________________
3. ____________________

SELBSTDISZIPLIN:

1 2 3 4 5 6 7 8 9 10

GESAMTTAG:

1 2 3 4 5 6 7 8 9 10

Bin ich meinem Ziel heute näher gekommen als gestern?

☐ Ja ☐ Nein

Letzte Gedanken zum Tage:

____

____

____

____

____

TAG 17

Datum: ____________

MORGENS

Ich bin dankbar für:

____

____

In 83 Tagen werde ich:

____

____

Um mein Ziel zu erreichen, werde ich heute die folgenden drei Mikroziele in Angriff nehmen:

1. ______________________________
2. ______________________________
3. ______________________________

Mein Aktionsplan für den Tag:

Aufgabe	Start	Ende
☐		
☐		
☐		
☐		
☐		

ABENDS

Wunderbare Dinge, die heute passiert sind:

___

___

___

Drei Probleme, mit denen ich konfrontiert bin:

1. ___
2. ___
3. ___

Mögliche Lösungen für diese Probleme:

1. ___
2. ___
3. ___

SELBSTDISZIPLIN:

1 2 3 4 5 6 7 8 9 10

GESAMTTAG:

1 2 3 4 5 6 7 8 9 10

Bin ich meinem Ziel heute näher gekommen als gestern?

☐ Ja ☐ Nein

Letzte Gedanken zum Tage:

___

___

___

___

___

TAG 18

Datum: ____________

MORGENS

Ich bin dankbar für:

____

____

In 82 Tagen werde ich:

____

____

Um mein Ziel zu erreichen, werde ich heute die folgenden drei Mikroziele in Angriff nehmen:

1. ______________________________
2. ______________________________
3. ______________________________

Mein Aktionsplan für den Tag:

Aufgabe	Start	Ende
☐		
☐		
☐		
☐		
☐		

ABENDS

Wunderbare Dinge, die heute passiert sind:

______

______

______

Drei Probleme, mit denen ich konfrontiert bin:

1. ______
2. ______
3. ______

Mögliche Lösungen für diese Probleme:

1. ______
2. ______
3. ______

SELBSTDISZIPLIN:

1 2 3 4 5 6 7 8 9 10

GESAMTTAG:

1 2 3 4 5 6 7 8 9 10

Bin ich meinem Ziel heute näher gekommen als gestern?

☐ Ja ☐ Nein

Letzte Gedanken zum Tage:

______

______

______

______

______

TAG 19

Datum: ____________

MORGENS

Ich bin dankbar für:

____

____

In 81 Tagen werde ich:

____

____

Um mein Ziel zu erreichen, werde ich heute die folgenden drei Mikroziele in Angriff nehmen:

1. ______________________________
2. ______________________________
3. ______________________________

Mein Aktionsplan für den Tag:

Aufgabe	Start	Ende
☐		
☐		
☐		
☐		
☐		

ABENDS

Wunderbare Dinge, die heute passiert sind:

____

____

____

Drei Probleme, mit denen ich konfrontiert bin:

1. ______________________________________
2. ______________________________________
3. ______________________________________

Mögliche Lösungen für diese Probleme:

1. ______________________________________
2. ______________________________________
3. ______________________________________

SELBSTDISZIPLIN:

1 2 3 4 5 6 7 8 9 10

GESAMTTAG:

1 2 3 4 5 6 7 8 9 10

Bin ich meinem Ziel heute näher gekommen als gestern?

☐ Ja ☐ Nein

Letzte Gedanken zum Tage:

____

____

____

____

____

TAG 20

Datum: ____________

MORGENS

Ich bin dankbar für:

____

____

In 80 Tagen werde ich:

____

____

Um mein Ziel zu erreichen, werde ich heute die folgenden drei Mikroziele in Angriff nehmen:

1. ______________________________
2. ______________________________
3. ______________________________

Mein Aktionsplan für den Tag:

Aufgabe	Start	Ende
☐		
☐		
☐		
☐		
☐		

ABENDS

Wunderbare Dinge, die heute passiert sind:

____

____

____

Drei Probleme, mit denen ich konfrontiert bin:

1. ______________________________
2. ______________________________
3. ______________________________

Mögliche Lösungen für diese Probleme:

1. ______________________________
2. ______________________________
3. ______________________________

SELBSTDISZIPLIN:

1 2 3 4 5 6 7 8 9 10

GESAMTTAG:

1 2 3 4 5 6 7 8 9 10

Bin ich meinem Ziel heute näher gekommen als gestern?

☐ Ja ☐ Nein

Letzte Gedanken zum Tage:

____

____

____

____

____

10-TAGE-RÜCKSCHAU

Hast du dein 10-Tage-Ziel erreicht?

☐ Ja ☐ Nein

Drei Dinge, die in den letzten zehn Tagen gut funktioniert haben:

1. ______________________________

2. ______________________________

3. ______________________________

Mein Plan, diese Erfolge noch zu optimieren:

1. ______________________________

2. ______________________________

3. ______________________________

Drei Probleme, mit denen ich in den letzten Tagen zu kämpfen hatte:

1. ______________________________

2. ______________________________

3. ______________________________

Mein Plan, diese Probleme zu beheben:

1. ______________________________

2. ______________________________

3. ______________________________

SELBSTDISZIPLIN-CHART

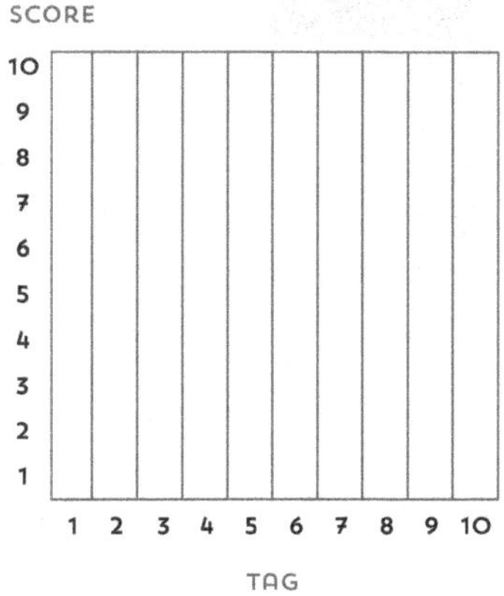

TAGES-CHARTS

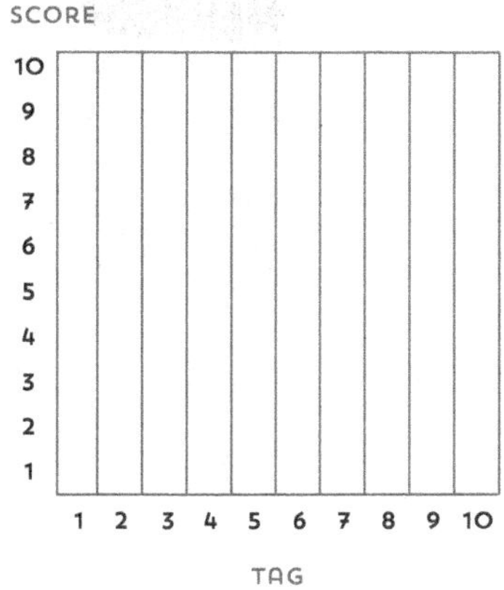

MEIN NÄCHSTES 10-TAGE-ZIEL:

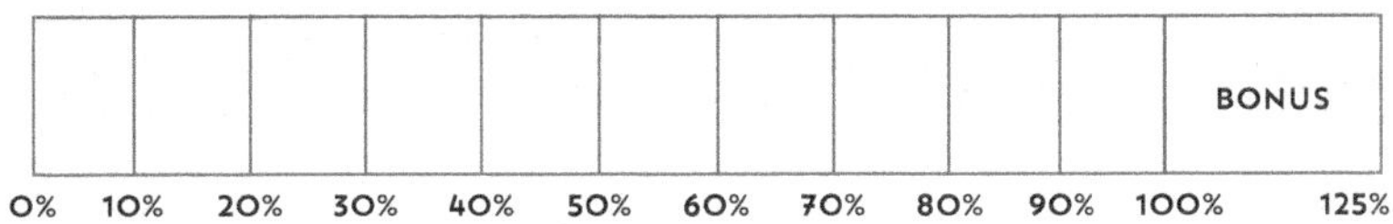

»SOBALD ENTSCHIEDEN IST, DASS
ETWAS GEMACHT WERDEN KANN
UND SOLL, WERDEN WIR AUCH
EINEN GEEIGNETEN WEG FINDEN.«

—Abraham Lincoln

TAG 21

Datum: ____________

MORGENS

Ich bin dankbar für:

____

____

In 79 Tagen werde ich:

____

____

Um mein Ziel zu erreichen, werde ich heute die folgenden drei Mikroziele in Angriff nehmen:

1. ____

2. ____

3. ____

Mein Aktionsplan für den Tag:

Aufgabe	Start	Ende
☐		
☐		
☐		
☐		
☐		

ABENDS

Wunderbare Dinge, die heute passiert sind:

____

____

____

Drei Probleme, mit denen ich konfrontiert bin:

1. __________
2. __________
3. __________

Mögliche Lösungen für diese Probleme:

1. __________
2. __________
3. __________

SELBSTDISZIPLIN:

1 2 3 4 5 6 7 8 9 10

GESAMTTAG:

1 2 3 4 5 6 7 8 9 10

Bin ich meinem Ziel heute näher gekommen als gestern?

☐ Ja ☐ Nein

Letzte Gedanken zum Tage:

____

____

____

____

____

TAG 22

Datum: ____________

MORGENS

Ich bin dankbar für:

____

____

In 78 Tagen werde ich:

____

____

Um mein Ziel zu erreichen, werde ich heute die folgenden drei Mikroziele in Angriff nehmen:

1. ______________________________
2. ______________________________
3. ______________________________

Mein Aktionsplan für den Tag:

Aufgabe	Start	Ende
☐		
☐		
☐		
☐		
☐		

ABENDS

Wunderbare Dinge, die heute passiert sind:

____

____

____

Drei Probleme, mit denen ich konfrontiert bin:

1. ______________________________
2. ______________________________
3. ______________________________

Mögliche Lösungen für diese Probleme:

1. ______________________________
2. ______________________________
3. ______________________________

SELBSTDISZIPLIN:

1 2 3 4 5 6 7 8 9 10

GESAMTTAG:

1 2 3 4 5 6 7 8 9 10

Bin ich meinem Ziel heute näher gekommen als gestern?

☐ Ja ☐ Nein

Letzte Gedanken zum Tage:

____

____

____

____

____

TAG 23

Datum: ____________

MORGENS

Ich bin dankbar für:

____

____

In 77 Tagen werde ich:

____

____

Um mein Ziel zu erreichen, werde ich heute die folgenden drei Mikroziele in Angriff nehmen:

1. ______________________________
2. ______________________________
3. ______________________________

Mein Aktionsplan für den Tag:

Aufgabe	Start	Ende
☐		
☐		
☐		
☐		
☐		

ABENDS

Wunderbare Dinge, die heute passiert sind:

___

___

___

Drei Probleme, mit denen ich konfrontiert bin:

1. ___
2. ___
3. ___

Mögliche Lösungen für diese Probleme:

1. ___
2. ___
3. ___

SELBSTDISZIPLIN:

1 2 3 4 5 6 7 8 9 10

GESAMTTAG:

1 2 3 4 5 6 7 8 9 10

Bin ich meinem Ziel heute näher gekommen als gestern?

☐ Ja ☐ Nein

Letzte Gedanken zum Tage:

___

___

___

___

___

TAG 24

Datum: ____________

MORGENS

Ich bin dankbar für:

____

____

In 76 Tagen werde ich:

____

____

Um mein Ziel zu erreichen, werde ich heute die folgenden drei Mikroziele in Angriff nehmen:

1. ______________________________
2. ______________________________
3. ______________________________

Mein Aktionsplan für den Tag:

Aufgabe	Start	Ende
☐		
☐		
☐		
☐		
☐		

ABENDS

Wunderbare Dinge, die heute passiert sind:

____

____

____

Drei Probleme, mit denen ich konfrontiert bin:

1. ______________________________________
2. ______________________________________
3. ______________________________________

Mögliche Lösungen für diese Probleme:

1. ______________________________________
2. ______________________________________
3. ______________________________________

SELBSTDISZIPLIN:

1 2 3 4 5 6 7 8 9 10

GESAMTTAG:

1 2 3 4 5 6 7 8 9 10

Bin ich meinem Ziel heute näher gekommen als gestern?

☐ Ja ☐ Nein

Letzte Gedanken zum Tage:

____

____

____

____

____

TAG 25

Datum: ____________

MORGENS

Ich bin dankbar für:

____

____

In 75 Tagen werde ich:

____

____

Um mein Ziel zu erreichen, werde ich heute die folgenden drei Mikroziele in Angriff nehmen:

1. ______________________________________
2. ______________________________________
3. ______________________________________

Mein Aktionsplan für den Tag:

Aufgabe	Start	Ende
☐		
☐		
☐		
☐		
☐		

ABENDS

Wunderbare Dinge, die heute passiert sind:

____

____

____

Drei Probleme, mit denen ich konfrontiert bin:

1. ____
2. ____
3. ____

Mögliche Lösungen für diese Probleme:

1. ____
2. ____
3. ____

SELBSTDISZIPLIN:

1 2 3 4 5 6 7 8 9 10

GESAMTTAG:

1 2 3 4 5 6 7 8 9 10

Bin ich meinem Ziel heute näher gekommen als gestern?

☐ Ja ☐ Nein

Letzte Gedanken zum Tage:

____

____

____

____

____

TAG 26

Datum: ______________

MORGENS

Ich bin dankbar für:

____

____

In 74 Tagen werde ich:

____

____

Um mein Ziel zu erreichen, werde ich heute die folgenden drei Mikroziele in Angriff nehmen:

1. ______________________________
2. ______________________________
3. ______________________________

Mein Aktionsplan für den Tag:

Aufgabe	Start	Ende
☐		
☐		
☐		
☐		
☐		

ABENDS

Wunderbare Dinge, die heute passiert sind:

____

____

____

Drei Probleme, mit denen ich konfrontiert bin:

1. ______________________________________
2. ______________________________________
3. ______________________________________

Mögliche Lösungen für diese Probleme:

1. ______________________________________
2. ______________________________________
3. ______________________________________

SELBSTDISZIPLIN:

1 2 3 4 5 6 7 8 9 10

GESAMTTAG:

1 2 3 4 5 6 7 8 9 10

Bin ich meinem Ziel heute näher gekommen als gestern?

☐ Ja ☐ Nein

Letzte Gedanken zum Tage:

____

____

____

____

____

TAG 27

Datum: ____________

MORGENS

Ich bin dankbar für:

____

____

In 73 Tagen werde ich:

____

____

Um mein Ziel zu erreichen, werde ich heute die folgenden drei Mikroziele in Angriff nehmen:

1. ______________________________
2. ______________________________
3. ______________________________

Mein Aktionsplan für den Tag:

Aufgabe	Start	Ende
☐		
☐		
☐		
☐		
☐		

ABENDS

Wunderbare Dinge, die heute passiert sind:

____

____

____

Drei Probleme, mit denen ich konfrontiert bin:

1. ______________________________
2. ______________________________
3. ______________________________

Mögliche Lösungen für diese Probleme:

1. ______________________________
2. ______________________________
3. ______________________________

SELBSTDISZIPLIN:

1 2 3 4 5 6 7 8 9 10

GESAMTTAG:

1 2 3 4 5 6 7 8 9 10

Bin ich meinem Ziel heute näher gekommen als gestern?

☐ Ja ☐ Nein

Letzte Gedanken zum Tage:

____

____

____

____

____

TAG 28

Datum: ____________

MORGENS

Ich bin dankbar für:

____

____

In 72 Tagen werde ich:

____

____

Um mein Ziel zu erreichen, werde ich heute die folgenden drei Mikroziele in Angriff nehmen:

1. ____
2. ____
3. ____

Mein Aktionsplan für den Tag:

Aufgabe	Start	Ende
☐		
☐		
☐		
☐		
☐		

ABENDS

Wunderbare Dinge, die heute passiert sind:

Drei Probleme, mit denen ich konfrontiert bin:

1.
2.
3.

Mögliche Lösungen für diese Probleme:

1.
2.
3.

SELBSTDISZIPLIN:

1 2 3 4 5 6 7 8 9 10

GESAMTTAG:

1 2 3 4 5 6 7 8 9 10

Bin ich meinem Ziel heute näher gekommen als gestern?

☐ Ja ☐ Nein

Letzte Gedanken zum Tage:

TAG 29

Datum: ____________

MORGENS

Ich bin dankbar für:

____

____

In 71 Tagen werde ich:

____

____

Um mein Ziel zu erreichen, werde ich heute die folgenden drei Mikroziele in Angriff nehmen:

1. ______________________________________
2. ______________________________________
3. ______________________________________

Mein Aktionsplan für den Tag:

Aufgabe	Start	Ende
☐		
☐		
☐		
☐		
☐		

ABENDS

Wunderbare Dinge, die heute passiert sind:

____

____

____

Drei Probleme, mit denen ich konfrontiert bin:

1. ______________________________
2. ______________________________
3. ______________________________

Mögliche Lösungen für diese Probleme:

1. ______________________________
2. ______________________________
3. ______________________________

SELBSTDISZIPLIN:

1 2 3 4 5 6 7 8 9 10

GESAMTTAG:

1 2 3 4 5 6 7 8 9 10

Bin ich meinem Ziel heute näher gekommen als gestern?

☐ Ja ☐ Nein

Letzte Gedanken zum Tage:

____

____

____

____

____

TAG 30

Datum: ____________

MORGENS

Ich bin dankbar für:

____

____

In 70 Tagen werde ich:

____

____

Um mein Ziel zu erreichen, werde ich heute die folgenden drei Mikroziele in Angriff nehmen:

1. ______________________________________
2. ______________________________________
3. ______________________________________

Mein Aktionsplan für den Tag:

Aufgabe	Start	Ende
☐		
☐		
☐		
☐		
☐		

ABENDS

Wunderbare Dinge, die heute passiert sind:

____

____

____

Drei Probleme, mit denen ich konfrontiert bin:

1. ______________________________
2. ______________________________
3. ______________________________

Mögliche Lösungen für diese Probleme:

1. ______________________________
2. ______________________________
3. ______________________________

SELBSTDISZIPLIN:

1 2 3 4 5 6 7 8 9 10

GESAMTTAG:

1 2 3 4 5 6 7 8 9 10

Bin ich meinem Ziel heute näher gekommen als gestern?

☐ Ja ☐ Nein

Letzte Gedanken zum Tage:

____

____

____

____

____

10-TAGE-RÜCKSCHAU

Hast du dein 10-Tage-Ziel erreicht?

☐ Ja ☐ Nein

Drei Dinge, die in den letzten zehn Tagen gut funktioniert haben:

1. ______________________________

2. ______________________________

3. ______________________________

Mein Plan, diese Erfolge noch zu optimieren:

1. ______________________________

2. ______________________________

3. ______________________________

Drei Probleme, mit denen ich in den letzten Tagen zu kämpfen hatte:

1. ______________________________

2. ______________________________

3. ______________________________

Mein Plan, diese Probleme zu beheben:

1. ______________________________

2. ______________________________

3. ______________________________

SELBSTDISZIPLIN-CHART

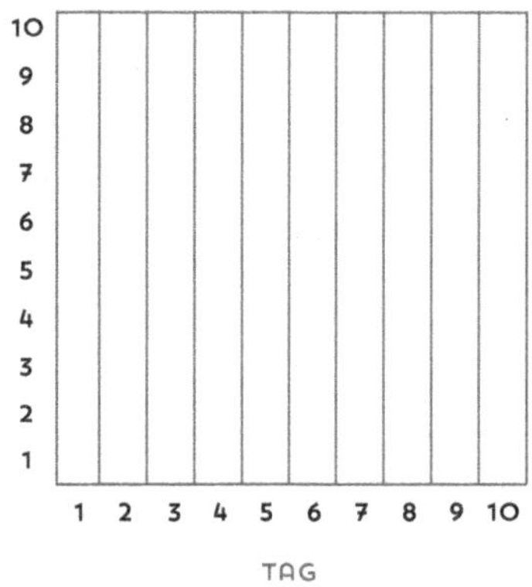

TAGES-CHARTS

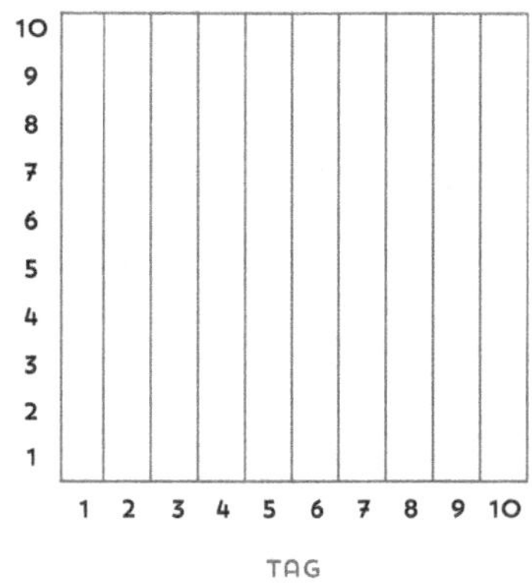

MEIN NÄCHSTES 10-TAGE-ZIEL:

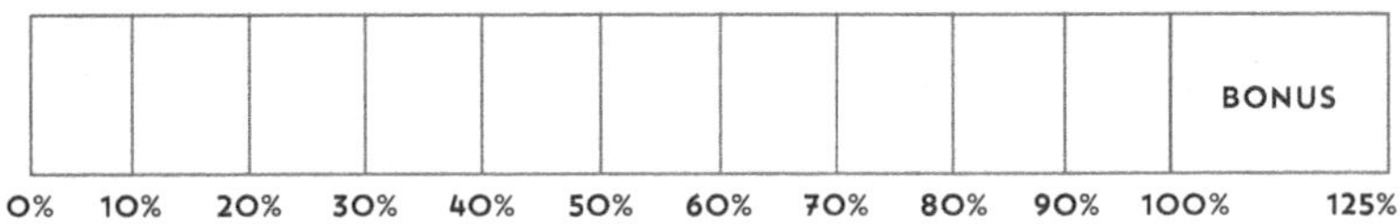

»VERTRAUE DIR SELBST!
JEDES HERZ VIBRIERT MIT DIESER
EISERNEN SAITE.«

—Ralph Waldo Emerson,
Vertraue dir selbst!

TAG 31

Datum: ____________

MORGENS

Ich bin dankbar für:

____

____

In 69 Tagen werde ich:

____

____

Um mein Ziel zu erreichen, werde ich heute die folgenden drei Mikroziele in Angriff nehmen:

1. ______________________________
2. ______________________________
3. ______________________________

Mein Aktionsplan für den Tag:

Aufgabe	Start	Ende
☐		
☐		
☐		
☐		
☐		

ABENDS

Wunderbare Dinge, die heute passiert sind:

Drei Probleme, mit denen ich konfrontiert bin:

1.

2.

3.

Mögliche Lösungen für diese Probleme:

1.

2.

3.

SELBSTDISZIPLIN:

1 2 3 4 5 6 7 8 9 10

GESAMTTAG:

1 2 3 4 5 6 7 8 9 10

Bin ich meinem Ziel heute näher gekommen als gestern?

☐ Ja ☐ Nein

Letzte Gedanken zum Tage:

TAG 32

Datum: ____________

MORGENS

Ich bin dankbar für:

____

____

In 68 Tagen werde ich:

____

____

Um mein Ziel zu erreichen, werde ich heute die folgenden drei Mikroziele in Angriff nehmen:

1. ______________________________
2. ______________________________
3. ______________________________

Mein Aktionsplan für den Tag:

Aufgabe	Start	Ende
☐		
☐		
☐		
☐		
☐		

ABENDS

Wunderbare Dinge, die heute passiert sind:

____

____

____

Drei Probleme, mit denen ich konfrontiert bin:

1. ______________________________
2. ______________________________
3. ______________________________

Mögliche Lösungen für diese Probleme:

1. ______________________________
2. ______________________________
3. ______________________________

SELBSTDISZIPLIN:

1 2 3 4 5 6 7 8 9 10

GESAMTTAG:

1 2 3 4 5 6 7 8 9 10

Bin ich meinem Ziel heute näher gekommen als gestern?

☐ Ja ☐ Nein

Letzte Gedanken zum Tage:

____

____

____

____

____

TAG 33

Datum: ____________

MORGENS

Ich bin dankbar für:

____

____

In 67 Tagen werde ich:

____

____

Um mein Ziel zu erreichen, werde ich heute die folgenden drei Mikroziele in Angriff nehmen:

1. ______________________________________
2. ______________________________________
3. ______________________________________

Mein Aktionsplan für den Tag:

Aufgabe	Start	Ende
☐		
☐		
☐		
☐		
☐		

ABENDS

Wunderbare Dinge, die heute passiert sind:

____

____

____

Drei Probleme, mit denen ich konfrontiert bin:

1. ______________________________
2. ______________________________
3. ______________________________

Mögliche Lösungen für diese Probleme:

1. ______________________________
2. ______________________________
3. ______________________________

SELBSTDISZIPLIN:

1 2 3 4 5 6 7 8 9 10

GESAMTTAG:

1 2 3 4 5 6 7 8 9 10

Bin ich meinem Ziel heute näher gekommen als gestern?

☐ Ja ☐ Nein

Letzte Gedanken zum Tage:

____

____

____

____

____

TAG 34

Datum: ____________

MORGENS

Ich bin dankbar für:

____

____

In 66 Tagen werde ich:

____

____

Um mein Ziel zu erreichen, werde ich heute die folgenden drei Mikroziele in Angriff nehmen:

1. ____
2. ____
3. ____

Mein Aktionsplan für den Tag:

Aufgabe	Start	Ende
☐		
☐		
☐		
☐		
☐		

ABENDS

Wunderbare Dinge, die heute passiert sind:

____

____

____

Drei Probleme, mit denen ich konfrontiert bin:

1. ______________________________
2. ______________________________
3. ______________________________

Mögliche Lösungen für diese Probleme:

1. ______________________________
2. ______________________________
3. ______________________________

SELBSTDISZIPLIN:

1 2 3 4 5 6 7 8 9 10

GESAMTTAG:

1 2 3 4 5 6 7 8 9 10

Bin ich meinem Ziel heute näher gekommen als gestern?

☐ Ja ☐ Nein

Letzte Gedanken zum Tage:

____

____

____

____

____

TAG 35

Datum: ____________

MORGENS

Ich bin dankbar für:

___

___

In 65 Tagen werde ich:

___

___

Um mein Ziel zu erreichen, werde ich heute die folgenden drei Mikroziele in Angriff nehmen:

1. ___
2. ___
3. ___

Mein Aktionsplan für den Tag:

Aufgabe	Start	Ende
☐		
☐		
☐		
☐		
☐		

ABENDS

Wunderbare Dinge, die heute passiert sind:

____

____

____

Drei Probleme, mit denen ich konfrontiert bin:

1. ______________________________
2. ______________________________
3. ______________________________

Mögliche Lösungen für diese Probleme:

1. ______________________________
2. ______________________________
3. ______________________________

SELBSTDISZIPLIN:

1 2 3 4 5 6 7 8 9 10

GESAMTTAG:

1 2 3 4 5 6 7 8 9 10

Bin ich meinem Ziel heute näher gekommen als gestern?

☐ Ja ☐ Nein

Letzte Gedanken zum Tage:

____

____

____

____

____

TAG 36

Datum: ____________

MORGENS

Ich bin dankbar für:

____

____

In 64 Tagen werde ich:

____

____

Um mein Ziel zu erreichen, werde ich heute die folgenden drei Mikroziele in Angriff nehmen:

1. ____
2. ____
3. ____

Mein Aktionsplan für den Tag:

Aufgabe	Start	Ende
☐		
☐		
☐		
☐		
☐		

ABENDS

Wunderbare Dinge, die heute passiert sind:

____

____

____

Drei Probleme, mit denen ich konfrontiert bin:

1. ______________________________________
2. ______________________________________
3. ______________________________________

Mögliche Lösungen für diese Probleme:

1. ______________________________________
2. ______________________________________
3. ______________________________________

SELBSTDISZIPLIN:

1 2 3 4 5 6 7 8 9 10

GESAMTTAG:

1 2 3 4 5 6 7 8 9 10

Bin ich meinem Ziel heute näher gekommen als gestern?

☐ Ja ☐ Nein

Letzte Gedanken zum Tage:

____

____

____

____

____

TAG 37

Datum: ____________

MORGENS

Ich bin dankbar für:

____

____

In 63 Tagen werde ich:

____

____

Um mein Ziel zu erreichen, werde ich heute die folgenden drei Mikroziele in Angriff nehmen:

1. ______________________________
2. ______________________________
3. ______________________________

Mein Aktionsplan für den Tag:

Aufgabe	Start	Ende
☐		
☐		
☐		
☐		
☐		

ABENDS

Wunderbare Dinge, die heute passiert sind:

____

____

____

Drei Probleme, mit denen ich konfrontiert bin:

1. ______________________________________
2. ______________________________________
3. ______________________________________

Mögliche Lösungen für diese Probleme:

1. ______________________________________
2. ______________________________________
3. ______________________________________

SELBSTDISZIPLIN:

1 2 3 4 5 6 7 8 9 10

GESAMTTAG:

1 2 3 4 5 6 7 8 9 10

Bin ich meinem Ziel heute näher gekommen als gestern?

☐ Ja ☐ Nein

Letzte Gedanken zum Tage:

____

____

____

____

____

TAG 38

Datum: ____________

MORGENS

Ich bin dankbar für:

____

____

In 62 Tagen werde ich:

____

____

Um mein Ziel zu erreichen, werde ich heute die folgenden drei Mikroziele in Angriff nehmen:

1. ____
2. ____
3. ____

Mein Aktionsplan für den Tag:

Aufgabe	Start	Ende
☐		
☐		
☐		
☐		
☐		

ABENDS

Wunderbare Dinge, die heute passiert sind:

____

____

____

Drei Probleme, mit denen ich konfrontiert bin:

1. ______________________________
2. ______________________________
3. ______________________________

Mögliche Lösungen für diese Probleme:

1. ______________________________
2. ______________________________
3. ______________________________

SELBSTDISZIPLIN:

1 2 3 4 5 6 7 8 9 10

GESAMTTAG:

1 2 3 4 5 6 7 8 9 10

Bin ich meinem Ziel heute näher gekommen als gestern?

☐ Ja ☐ Nein

Letzte Gedanken zum Tage:

____

____

____

____

____

TAG 39

Datum: ____________

MORGENS

Ich bin dankbar für:

____

____

In 61 Tagen werde ich:

____

____

Um mein Ziel zu erreichen, werde ich heute die folgenden drei Mikroziele in Angriff nehmen:

1. ______________________________
2. ______________________________
3. ______________________________

Mein Aktionsplan für den Tag:

Aufgabe	Start	Ende
☐		
☐		
☐		
☐		
☐		

ABENDS

Wunderbare Dinge, die heute passiert sind:

______

______

______

Drei Probleme, mit denen ich konfrontiert bin:

1. ______
2. ______
3. ______

Mögliche Lösungen für diese Probleme:

1. ______
2. ______
3. ______

SELBSTDISZIPLIN:

1 2 3 4 5 6 7 8 9 10

GESAMTTAG:

1 2 3 4 5 6 7 8 9 10

Bin ich meinem Ziel heute näher gekommen als gestern?

☐ Ja ☐ Nein

Letzte Gedanken zum Tage:

______

______

______

______

______

TAG 40

Datum: ____________

MORGENS

Ich bin dankbar für:

____

____

In 60 Tagen werde ich:

____

____

Um mein Ziel zu erreichen, werde ich heute die folgenden drei Mikroziele in Angriff nehmen:

1. ______________________________
2. ______________________________
3. ______________________________

Mein Aktionsplan für den Tag:

Aufgabe	Start	Ende
☐		
☐		
☐		
☐		
☐		

ABENDS

Wunderbare Dinge, die heute passiert sind:

____

____

____

Drei Probleme, mit denen ich konfrontiert bin:

1. ______________________________
2. ______________________________
3. ______________________________

Mögliche Lösungen für diese Probleme:

1. ______________________________
2. ______________________________
3. ______________________________

SELBSTDISZIPLIN:

1 2 3 4 5 6 7 8 9 10

GESAMTTAG:

1 2 3 4 5 6 7 8 9 10

Bin ich meinem Ziel heute näher gekommen als gestern?

☐ Ja ☐ Nein

Letzte Gedanken zum Tage:

____

____

____

____

____

10-TAGE-RÜCKSCHAU

Hast du dein 10-Tage-Ziel erreicht?

☐ Ja ☐ Nein

Drei Dinge, die in den letzten zehn Tagen gut funktioniert haben:

1. ______________________________

2. ______________________________

3. ______________________________

Mein Plan, diese Erfolge noch zu optimieren:

1. ______________________________

2. ______________________________

3. ______________________________

Drei Probleme, mit denen ich in den letzten Tagen zu kämpfen hatte:

1. ______________________________

2. ______________________________

3. ______________________________

Mein Plan, diese Probleme zu beheben:

1. ______________________________

2. ______________________________

3. ______________________________

SELBSTDISZIPLIN-CHART

SCORE

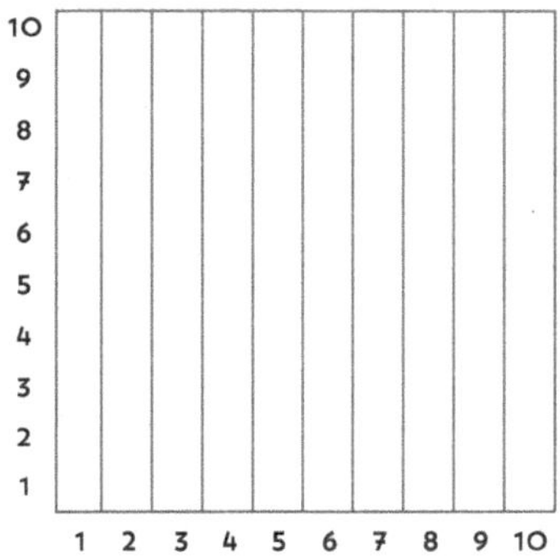

TAG

TAGES-CHARTS

SCORE

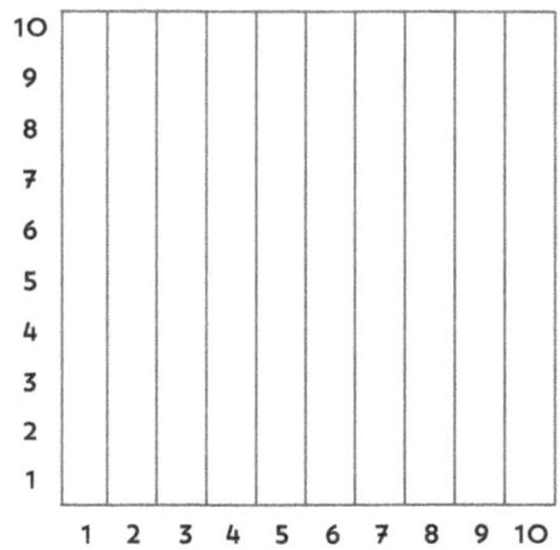

TAG

MEIN NÄCHSTES 10-TAGE-ZIEL:

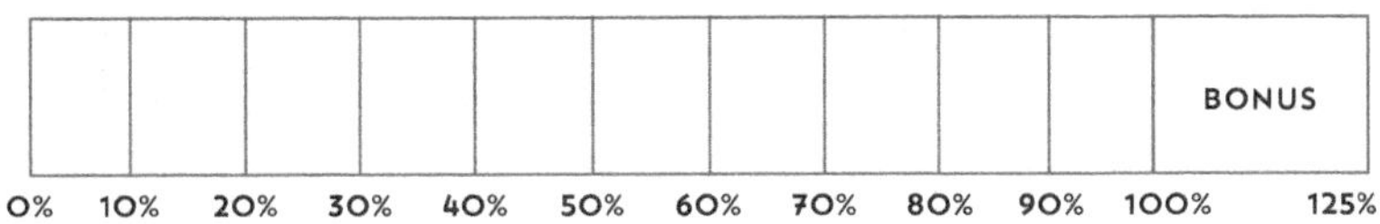

»NIMM EIN SCHWIERIGES ZIEL INS VISIER UND DU WIRST ES TREFFEN. NEIN, WEDER BEIM ERSTEN MAL, NOCH BEIM ZWEITEN MAL. VIELLEICHT NICHT EINMAL BEIM DRITTEN MAL. ABER ZIELE UND SCHIERE WEITER, DENN NUR ÜBUNG MACHT DICH ZUM MEISTER.«

—Annie Oakley

TAG 41

Datum: ___________

MORGENS

Ich bin dankbar für:

____

____

In 59 Tagen werde ich:

____

____

Um mein Ziel zu erreichen, werde ich heute die folgenden drei Mikroziele in Angriff nehmen:

1. ____
2. ____
3. ____

Mein Aktionsplan für den Tag:

Aufgabe	Start	Ende
☐		
☐		
☐		
☐		
☐		

ABENDS

Wunderbare Dinge, die heute passiert sind:

Drei Probleme, mit denen ich konfrontiert bin:

1.
2.
3.

Mögliche Lösungen für diese Probleme:

1.
2.
3.

SELBSTDISZIPLIN:

1 2 3 4 5 6 7 8 9 10

GESAMTTAG:

1 2 3 4 5 6 7 8 9 10

Bin ich meinem Ziel heute näher gekommen als gestern?

☐ Ja ☐ Nein

Letzte Gedanken zum Tage:

TAG 42

Datum: ____________

MORGENS

Ich bin dankbar für:

____

____

In 58 Tagen werde ich:

____

____

Um mein Ziel zu erreichen, werde ich heute die folgenden drei Mikroziele in Angriff nehmen:

1. ______________________________
2. ______________________________
3. ______________________________

Mein Aktionsplan für den Tag:

Aufgabe	Start	Ende
☐		
☐		
☐		
☐		
☐		

ABENDS

Wunderbare Dinge, die heute passiert sind:

____

____

____

Drei Probleme, mit denen ich konfrontiert bin:

1. ____________________
2. ____________________
3. ____________________

Mögliche Lösungen für diese Probleme:

1. ____________________
2. ____________________
3. ____________________

SELBSTDISZIPLIN:

1 2 3 4 5 6 7 8 9 10

GESAMTTAG:

1 2 3 4 5 6 7 8 9 10

Bin ich meinem Ziel heute näher gekommen als gestern?

☐ Ja ☐ Nein

Letzte Gedanken zum Tage:

____

____

____

____

____

TAG 43

Datum: ____________

MORGENS

Ich bin dankbar für:

____

____

In 57 Tagen werde ich:

____

____

Um mein Ziel zu erreichen, werde ich heute die folgenden drei Mikroziele in Angriff nehmen:

1. ______________________________
2. ______________________________
3. ______________________________

Mein Aktionsplan für den Tag:

Aufgabe	Start	Ende
☐		
☐		
☐		
☐		
☐		

ABENDS

Wunderbare Dinge, die heute passiert sind:

____

____

____

Drei Probleme, mit denen ich konfrontiert bin:

1. ______________________________________
2. ______________________________________
3. ______________________________________

Mögliche Lösungen für diese Probleme:

1. ______________________________________
2. ______________________________________
3. ______________________________________

SELBSTDISZIPLIN:

1 2 3 4 5 6 7 8 9 10

GESAMTTAG:

1 2 3 4 5 6 7 8 9 10

Bin ich meinem Ziel heute näher gekommen als gestern?

☐ Ja ☐ Nein

Letzte Gedanken zum Tage:

____

____

____

____

____

TAG 44

Datum: ____________

MORGENS

Ich bin dankbar für:

____

____

In 56 Tagen werde ich:

____

____

Um mein Ziel zu erreichen, werde ich heute die folgenden drei Mikroziele in Angriff nehmen:

1. ______________________________
2. ______________________________
3. ______________________________

Mein Aktionsplan für den Tag:

Aufgabe	Start	Ende
☐		
☐		
☐		
☐		
☐		

ABENDS

Wunderbare Dinge, die heute passiert sind:

____

____

____

Drei Probleme, mit denen ich konfrontiert bin:

1. ____
2. ____
3. ____

Mögliche Lösungen für diese Probleme:

1. ____
2. ____
3. ____

SELBSTDISZIPLIN:

1 2 3 4 5 6 7 8 9 10

GESAMTTAG:

1 2 3 4 5 6 7 8 9 10

Bin ich meinem Ziel heute näher gekommen als gestern?

☐ Ja ☐ Nein

Letzte Gedanken zum Tage:

____

____

____

____

____

TAG 45

Datum: ____________

MORGENS

Ich bin dankbar für:

____

____

In 55 Tagen werde ich:

____

____

Um mein Ziel zu erreichen, werde ich heute die folgenden drei Mikroziele in Angriff nehmen:

1. ______________________________________
2. ______________________________________
3. ______________________________________

Mein Aktionsplan für den Tag:

Aufgabe	Start	Ende
☐		
☐		
☐		
☐		
☐		

ABENDS

Wunderbare Dinge, die heute passiert sind:

____

____

____

Drei Probleme, mit denen ich konfrontiert bin:

1. ______________________________
2. ______________________________
3. ______________________________

Mögliche Lösungen für diese Probleme:

1. ______________________________
2. ______________________________
3. ______________________________

SELBSTDISZIPLIN:

1 2 3 4 5 6 7 8 9 10

GESAMTTAG:

1 2 3 4 5 6 7 8 9 10

Bin ich meinem Ziel heute näher gekommen als gestern?

☐ Ja ☐ Nein

Letzte Gedanken zum Tage:

____

____

____

____

____

TAG 46

Datum: ____________

MORGENS

Ich bin dankbar für:

____

____

In 54 Tagen werde ich:

____

____

Um mein Ziel zu erreichen, werde ich heute die folgenden drei Mikroziele in Angriff nehmen:

1. ______________________________
2. ______________________________
3. ______________________________

Mein Aktionsplan für den Tag:

Aufgabe	Start	Ende
☐		
☐		
☐		
☐		
☐		

ABENDS

Wunderbare Dinge, die heute passiert sind:

____

____

____

Drei Probleme, mit denen ich konfrontiert bin:

1. ______________________________________
2. ______________________________________
3. ______________________________________

Mögliche Lösungen für diese Probleme:

1. ______________________________________
2. ______________________________________
3. ______________________________________

SELBSTDISZIPLIN:

1 2 3 4 5 6 7 8 9 10

GESAMTTAG:

1 2 3 4 5 6 7 8 9 10

Bin ich meinem Ziel heute näher gekommen als gestern?

☐ Ja ☐ Nein

Letzte Gedanken zum Tage:

____

____

____

____

____

TAG 47

Datum: ____________

MORGENS

Ich bin dankbar für:

____

____

In 53 Tagen werde ich:

____

____

Um mein Ziel zu erreichen, werde ich heute die folgenden drei Mikroziele in Angriff nehmen:

1. ______________________________
2. ______________________________
3. ______________________________

Mein Aktionsplan für den Tag:

Aufgabe	Start	Ende
☐		
☐		
☐		
☐		
☐		

ABENDS

Wunderbare Dinge, die heute passiert sind:

____

____

____

Drei Probleme, mit denen ich konfrontiert bin:

1. ______________________________
2. ______________________________
3. ______________________________

Mögliche Lösungen für diese Probleme:

1. ______________________________
2. ______________________________
3. ______________________________

SELBSTDISZIPLIN:

1 2 3 4 5 6 7 8 9 10

GESAMTTAG:

1 2 3 4 5 6 7 8 9 10

Bin ich meinem Ziel heute näher gekommen als gestern?

☐ Ja ☐ Nein

Letzte Gedanken zum Tage:

____

____

____

____

____

TAG 48

Datum: ____________

MORGENS

Ich bin dankbar für:

____

____

In 52 Tagen werde ich:

____

____

Um mein Ziel zu erreichen, werde ich heute die folgenden drei Mikroziele in Angriff nehmen:

1. ______________________________
2. ______________________________
3. ______________________________

Mein Aktionsplan für den Tag:

Aufgabe	Start	Ende
☐		
☐		
☐		
☐		
☐		

ABENDS

Wunderbare Dinge, die heute passiert sind:

____

____

____

Drei Probleme, mit denen ich konfrontiert bin:

1. ______________________________
2. ______________________________
3. ______________________________

Mögliche Lösungen für diese Probleme:

1. ______________________________
2. ______________________________
3. ______________________________

SELBSTDISZIPLIN:

1 2 3 4 5 6 7 8 9 10

GESAMTTAG:

1 2 3 4 5 6 7 8 9 10

Bin ich meinem Ziel heute näher gekommen als gestern?

☐ Ja ☐ Nein

Letzte Gedanken zum Tage:

____

____

____

____

____

TAG 49

Datum: ____________

MORGENS

Ich bin dankbar für:

____

____

In 51 Tagen werde ich:

____

____

Um mein Ziel zu erreichen, werde ich heute die folgenden drei Mikroziele in Angriff nehmen:

1. ______________________________
2. ______________________________
3. ______________________________

Mein Aktionsplan für den Tag:

Aufgabe	Start	Ende
☐		
☐		
☐		
☐		
☐		

ABENDS

Wunderbare Dinge, die heute passiert sind:

____

____

____

Drei Probleme, mit denen ich konfrontiert bin:

1. ______________________________________
2. ______________________________________
3. ______________________________________

Mögliche Lösungen für diese Probleme:

1. ______________________________________
2. ______________________________________
3. ______________________________________

SELBSTDISZIPLIN:

1 2 3 4 5 6 7 8 9 10

GESAMTTAG:

1 2 3 4 5 6 7 8 9 10

Bin ich meinem Ziel heute näher gekommen als gestern?

☐ Ja ☐ Nein

Letzte Gedanken zum Tage:

____

____

____

____

____

TAG 50

Datum: ____________

MORGENS

Ich bin dankbar für:

____

____

In 50 Tagen werde ich:

____

____

Um mein Ziel zu erreichen, werde ich heute die folgenden drei Mikroziele in Angriff nehmen:

1. ______________________________
2. ______________________________
3. ______________________________

Mein Aktionsplan für den Tag:

Aufgabe	Start	Ende
☐		
☐		
☐		
☐		
☐		

ABENDS

Wunderbare Dinge, die heute passiert sind:

Drei Probleme, mit denen ich konfrontiert bin:

1.
2.
3.

Mögliche Lösungen für diese Probleme:

1.
2.
3.

SELBSTDISZIPLIN:

1 2 3 4 5 6 7 8 9 10

GESAMTTAG:

1 2 3 4 5 6 7 8 9 10

Bin ich meinem Ziel heute näher gekommen als gestern?

☐ Ja ☐ Nein

Letzte Gedanken zum Tage:

10-TAGE-RÜCKSCHAU

Hast du dein 10-Tage-Ziel erreicht?

☐ Ja ☐ Nein

Drei Dinge, die in den letzten zehn Tagen gut funktioniert haben:

1. ______________________________
2. ______________________________
3. ______________________________

Mein Plan, diese Erfolge noch zu optimieren:

1. ______________________________
2. ______________________________
3. ______________________________

Drei Probleme, mit denen ich in den letzten Tagen zu kämpfen hatte:

1. ______________________________
2. ______________________________
3. ______________________________

Mein Plan, diese Probleme zu beheben:

1. ______________________________
2. ______________________________
3. ______________________________

SELBSTDISZIPLIN-CHART

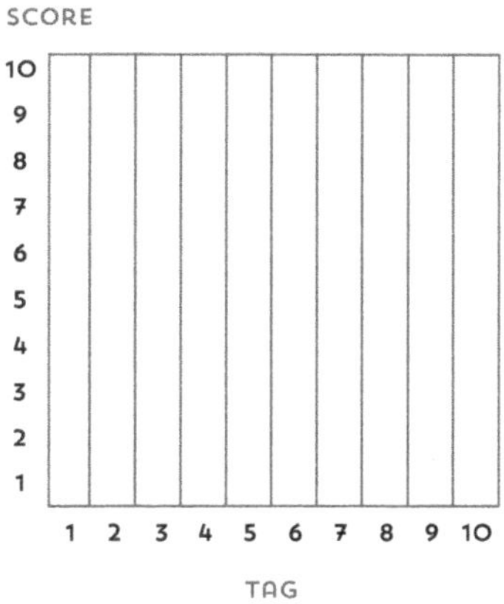

TAGES-CHARTS

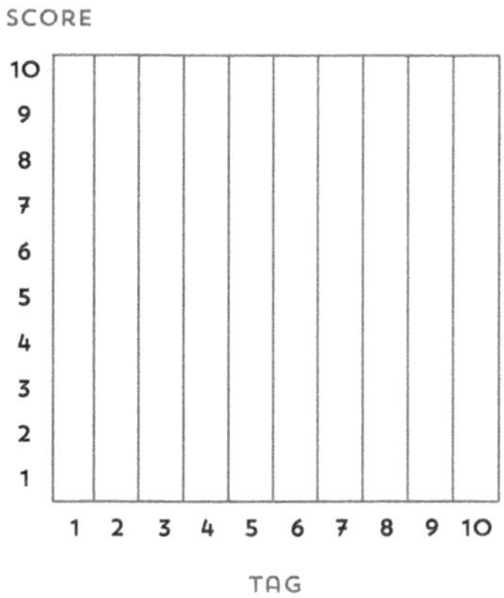

MEIN NÄCHSTES 10-TAGE-ZIEL:

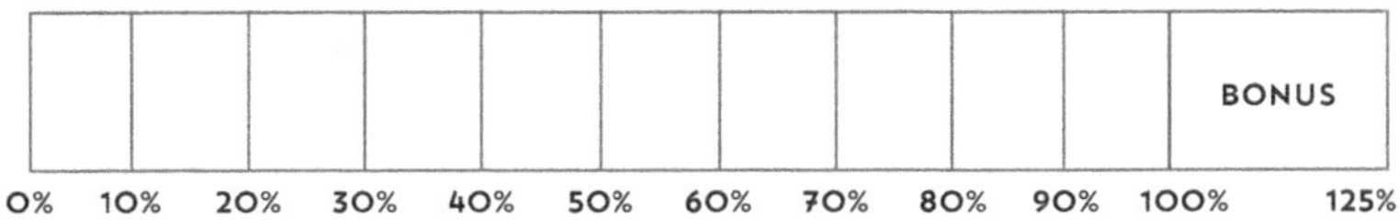

»DAS GEHEIMNIS DES MENSCHLICHEN LEBENS LIEGT NICHT IM BLOßEN LEBEN, SONDERN IM SINN DES LEBENS.«

—Fjodor Dostojewski,
Die Brüder Karamazov

TAG 51

Datum: ____________

MORGENS

Ich bin dankbar für:

____

____

In 49 Tagen werde ich:

____

____

Um mein Ziel zu erreichen, werde ich heute die folgenden drei Mikroziele in Angriff nehmen:

1. ______________________________
2. ______________________________
3. ______________________________

Mein Aktionsplan für den Tag:

Aufgabe	Start	Ende
☐		
☐		
☐		
☐		
☐		

ABENDS

Wunderbare Dinge, die heute passiert sind:

____

____

____

Drei Probleme, mit denen ich konfrontiert bin:

1. ______________________________
2. ______________________________
3. ______________________________

Mögliche Lösungen für diese Probleme:

1. ______________________________
2. ______________________________
3. ______________________________

SELBSTDISZIPLIN:

1 2 3 4 5 6 7 8 9 10

GESAMTTAG:

1 2 3 4 5 6 7 8 9 10

Bin ich meinem Ziel heute näher gekommen als gestern?

☐ Ja ☐ Nein

Letzte Gedanken zum Tage:

____

____

____

____

____

TAG 52

Datum: ____________

MORGENS

Ich bin dankbar für:

____

____

In 48 Tagen werde ich:

____

____

Um mein Ziel zu erreichen, werde ich heute die folgenden drei Mikroziele in Angriff nehmen:

1. ______________________________
2. ______________________________
3. ______________________________

Mein Aktionsplan für den Tag:

Aufgabe	Start	Ende
☐		
☐		
☐		
☐		
☐		

ABENDS

Wunderbare Dinge, die heute passiert sind:

____

____

____

Drei Probleme, mit denen ich konfrontiert bin:

1. ______________________________
2. ______________________________
3. ______________________________

Mögliche Lösungen für diese Probleme:

1. ______________________________
2. ______________________________
3. ______________________________

SELBSTDISZIPLIN:

1 2 3 4 5 6 7 8 9 10

GESAMTTAG:

1 2 3 4 5 6 7 8 9 10

Bin ich meinem Ziel heute näher gekommen als gestern?

☐ Ja ☐ Nein

Letzte Gedanken zum Tage:

____

____

____

____

____

TAG 53

Datum: ____________

MORGENS

Ich bin dankbar für:

____

____

In 47 Tagen werde ich:

____

____

Um mein Ziel zu erreichen, werde ich heute die folgenden drei Mikroziele in Angriff nehmen:

1. ______________________________
2. ______________________________
3. ______________________________

Mein Aktionsplan für den Tag:

Aufgabe	Start	Ende
☐		
☐		
☐		
☐		
☐		

ABENDS

Wunderbare Dinge, die heute passiert sind:

____

____

____

Drei Probleme, mit denen ich konfrontiert bin:

1. ____________________________
2. ____________________________
3. ____________________________

Mögliche Lösungen für diese Probleme:

1. ____________________________
2. ____________________________
3. ____________________________

SELBSTDISZIPLIN:

1 2 3 4 5 6 7 8 9 10

GESAMTTAG:

1 2 3 4 5 6 7 8 9 10

Bin ich meinem Ziel heute näher gekommen als gestern?

☐ Ja ☐ Nein

Letzte Gedanken zum Tage:

____

____

____

____

____

TAG 54

Datum: ____________

MORGENS

Ich bin dankbar für:

____

____

In 46 Tagen werde ich:

____

____

Um mein Ziel zu erreichen, werde ich heute die folgenden drei Mikroziele in Angriff nehmen:

1. ______________________________
2. ______________________________
3. ______________________________

Mein Aktionsplan für den Tag:

Aufgabe	Start	Ende
☐		
☐		
☐		
☐		
☐		

ABENDS

Wunderbare Dinge, die heute passiert sind:

____

____

____

Drei Probleme, mit denen ich konfrontiert bin:

1. ______________________________________
2. ______________________________________
3. ______________________________________

Mögliche Lösungen für diese Probleme:

1. ______________________________________
2. ______________________________________
3. ______________________________________

SELBSTDISZIPLIN:

1 2 3 4 5 6 7 8 9 10

GESAMTTAG:

1 2 3 4 5 6 7 8 9 10

Bin ich meinem Ziel heute näher gekommen als gestern?

☐ Ja ☐ Nein

Letzte Gedanken zum Tage:

____

____

____

____

____

TAG 55

Datum: ____________

MORGENS

Ich bin dankbar für:

____

____

In 45 Tagen werde ich:

____

____

Um mein Ziel zu erreichen, werde ich heute die folgenden drei Mikroziele in Angriff nehmen:

1. ______________________________
2. ______________________________
3. ______________________________

Mein Aktionsplan für den Tag:

Aufgabe	Start	Ende
☐		
☐		
☐		
☐		
☐		

ABENDS

Wunderbare Dinge, die heute passiert sind:

____

____

____

Drei Probleme, mit denen ich konfrontiert bin:

1. ______________________________________
2. ______________________________________
3. ______________________________________

Mögliche Lösungen für diese Probleme:

1. ______________________________________
2. ______________________________________
3. ______________________________________

SELBSTDISZIPLIN:

1 2 3 4 5 6 7 8 9 10

GESAMTTAG:

1 2 3 4 5 6 7 8 9 10

Bin ich meinem Ziel heute näher gekommen als gestern?

☐ Ja ☐ Nein

Letzte Gedanken zum Tage:

____

____

____

____

____

TAG 56

Datum: ______________

MORGENS

Ich bin dankbar für:

____

____

In 44 Tagen werde ich:

____

____

Um mein Ziel zu erreichen, werde ich heute die folgenden drei Mikroziele in Angriff nehmen:

1. ______________________________
2. ______________________________
3. ______________________________

Mein Aktionsplan für den Tag:

Aufgabe	Start	Ende
☐		
☐		
☐		
☐		
☐		

ABENDS

Wunderbare Dinge, die heute passiert sind:

____

____

____

Drei Probleme, mit denen ich konfrontiert bin:

1. ______________________________

2. ______________________________

3. ______________________________

Mögliche Lösungen für diese Probleme:

1. ______________________________

2. ______________________________

3. ______________________________

SELBSTDISZIPLIN:

1 2 3 4 5 6 7 8 9 10

GESAMTTAG:

1 2 3 4 5 6 7 8 9 10

Bin ich meinem Ziel heute näher gekommen als gestern?

☐ Ja ☐ Nein

Letzte Gedanken zum Tage:

____

____

____

____

____

TAG 57

Datum: ____________

MORGENS

Ich bin dankbar für:

____

____

In 43 Tagen werde ich:

____

____

Um mein Ziel zu erreichen, werde ich heute die folgenden drei Mikroziele in Angriff nehmen:

1. ______________________________
2. ______________________________
3. ______________________________

Mein Aktionsplan für den Tag:

Aufgabe	Start	Ende
☐		
☐		
☐		
☐		
☐		

ABENDS

Wunderbare Dinge, die heute passiert sind:

____

____

____

Drei Probleme, mit denen ich konfrontiert bin:

1. ______________________________________
2. ______________________________________
3. ______________________________________

Mögliche Lösungen für diese Probleme:

1. ______________________________________
2. ______________________________________
3. ______________________________________

SELBSTDISZIPLIN:

1 2 3 4 5 6 7 8 9 10

GESAMTTAG:

1 2 3 4 5 6 7 8 9 10

Bin ich meinem Ziel heute näher gekommen als gestern?

☐ Ja ☐ Nein

Letzte Gedanken zum Tage:

____

____

____

____

____

TAG 58

Datum: ____________

MORGENS

Ich bin dankbar für:

____

____

In 42 Tagen werde ich:

____

____

Um mein Ziel zu erreichen, werde ich heute die folgenden drei Mikroziele in Angriff nehmen:

1. ______________________________
2. ______________________________
3. ______________________________

Mein Aktionsplan für den Tag:

Aufgabe	Start	Ende
☐		
☐		
☐		
☐		
☐		

ABENDS

Wunderbare Dinge, die heute passiert sind:

____

____

____

Drei Probleme, mit denen ich konfrontiert bin:

1. ____________________________
2. ____________________________
3. ____________________________

Mögliche Lösungen für diese Probleme:

1. ____________________________
2. ____________________________
3. ____________________________

SELBSTDISZIPLIN:

1 2 3 4 5 6 7 8 9 10

GESAMTTAG:

1 2 3 4 5 6 7 8 9 10

Bin ich meinem Ziel heute näher gekommen als gestern?

☐ Ja ☐ Nein

Letzte Gedanken zum Tage:

____

____

____

____

____

TAG 59

Datum: ____________

MORGENS

Ich bin dankbar für:

____

____

In 41 Tagen werde ich:

____

____

Um mein Ziel zu erreichen, werde ich heute die folgenden drei Mikroziele in Angriff nehmen:

1. ______________________________________
2. ______________________________________
3. ______________________________________

Mein Aktionsplan für den Tag:

Aufgabe	Start	Ende
☐		
☐		
☐		
☐		
☐		

ABENDS

Wunderbare Dinge, die heute passiert sind:

___

___

___

Drei Probleme, mit denen ich konfrontiert bin:

1. ___
2. ___
3. ___

Mögliche Lösungen für diese Probleme:

1. ___
2. ___
3. ___

SELBSTDISZIPLIN:

1 2 3 4 5 6 7 8 9 10

GESAMTTAG:

1 2 3 4 5 6 7 8 9 10

Bin ich meinem Ziel heute näher gekommen als gestern?

☐ Ja ☐ Nein

Letzte Gedanken zum Tage:

___

___

___

___

___

TAG 60

Datum: ____________

MORGENS

Ich bin dankbar für:

___

___

In 40 Tagen werde ich:

___

___

Um mein Ziel zu erreichen, werde ich heute die folgenden drei Mikroziele in Angriff nehmen:

1. ___
2. ___
3. ___

Mein Aktionsplan für den Tag:

Aufgabe	Start	Ende
☐		
☐		
☐		
☐		
☐		

ABENDS

Wunderbare Dinge, die heute passiert sind:

Drei Probleme, mit denen ich konfrontiert bin:

1.
2.
3.

Mögliche Lösungen für diese Probleme:

1.
2.
3.

SELBSTDISZIPLIN:

1 2 3 4 5 6 7 8 9 10

GESAMTTAG:

1 2 3 4 5 6 7 8 9 10

Bin ich meinem Ziel heute näher gekommen als gestern?

☐ Ja ☐ Nein

Letzte Gedanken zum Tage:

10-TAGE-RÜCKSCHAU

Hast du dein 10-Tage-Ziel erreicht?

☐ Ja ☐ Nein

Drei Dinge, die in den letzten zehn Tagen gut funktioniert haben:

1. ____________________
2. ____________________
3. ____________________

Mein Plan, diese Erfolge noch zu optimieren:

1. ____________________
2. ____________________
3. ____________________

Drei Probleme, mit denen ich in den letzten Tagen zu kämpfen hatte:

1. ____________________
2. ____________________
3. ____________________

Mein Plan, diese Probleme zu beheben:

1. ____________________
2. ____________________
3. ____________________

SELBSTDISZIPLIN-CHART

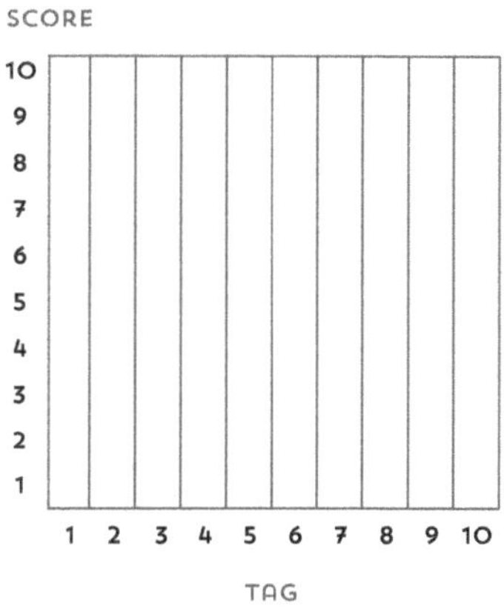

TAGES-CHARTS

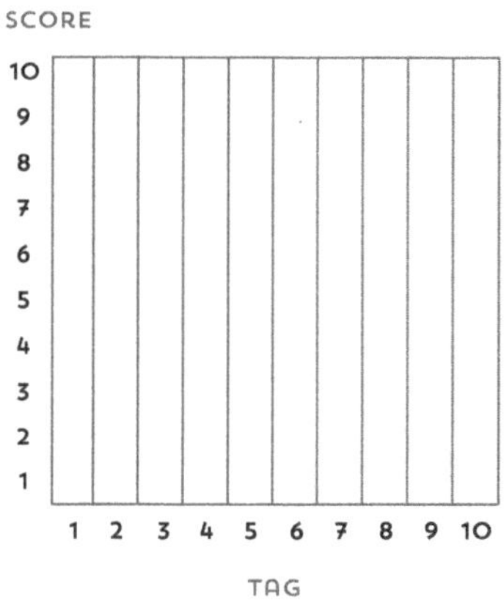

MEIN NÄCHSTES 10-TAGE-ZIEL:

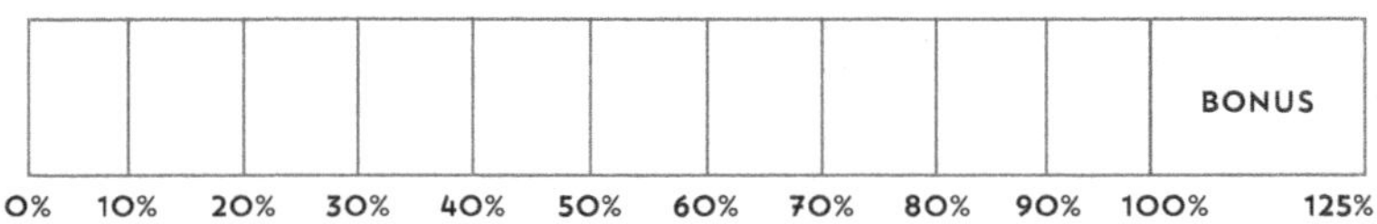

»STARKE GRÜNDE FÜHREN
ZU MUTIGEN TATEN.«

—William Shakespeare,
The Life and Death of King John

TAG 61

Datum: ____________

MORGENS

Ich bin dankbar für:

____

____

In 39 Tagen werde ich:

____

____

Um mein Ziel zu erreichen, werde ich heute die folgenden drei Mikroziele in Angriff nehmen:

1. ______________________________
2. ______________________________
3. ______________________________

Mein Aktionsplan für den Tag:

Aufgabe	Start	Ende
☐		
☐		
☐		
☐		
☐		

ABENDS

Wunderbare Dinge, die heute passiert sind:

____

____

____

Drei Probleme, mit denen ich konfrontiert bin:

1. ____
2. ____
3. ____

Mögliche Lösungen für diese Probleme:

1. ____
2. ____
3. ____

SELBSTDISZIPLIN:

1 2 3 4 5 6 7 8 9 10

GESAMTTAG:

1 2 3 4 5 6 7 8 9 10

Bin ich meinem Ziel heute näher gekommen als gestern?

☐ Ja ☐ Nein

Letzte Gedanken zum Tage:

____

____

____

____

____

TAG 62

Datum: ______________

MORGENS

Ich bin dankbar für:

____

____

In 38 Tagen werde ich:

____

____

Um mein Ziel zu erreichen, werde ich heute die folgenden drei Mikroziele in Angriff nehmen:

1. ______________________________
2. ______________________________
3. ______________________________

Mein Aktionsplan für den Tag:

Aufgabe	Start	Ende
☐		
☐		
☐		
☐		
☐		

ABENDS

Wunderbare Dinge, die heute passiert sind:

Drei Probleme, mit denen ich konfrontiert bin:

1.
2.
3.

Mögliche Lösungen für diese Probleme:

1.
2.
3.

SELBSTDISZIPLIN:

1 2 3 4 5 6 7 8 9 10

GESAMTTAG:

1 2 3 4 5 6 7 8 9 10

Bin ich meinem Ziel heute näher gekommen als gestern?

☐ Ja ☐ Nein

Letzte Gedanken zum Tage:

TAG 63

Datum: ____________

MORGENS

Ich bin dankbar für:

____

____

In 37 Tagen werde ich:

____

____

Um mein Ziel zu erreichen, werde ich heute die folgenden drei Mikroziele in Angriff nehmen:

1. ______________________________
2. ______________________________
3. ______________________________

Mein Aktionsplan für den Tag:

Aufgabe	Start	Ende
☐		
☐		
☐		
☐		
☐		

ABENDS

Wunderbare Dinge, die heute passiert sind:

____

____

____

Drei Probleme, mit denen ich konfrontiert bin:

1. ______________________________
2. ______________________________
3. ______________________________

Mögliche Lösungen für diese Probleme:

1. ______________________________
2. ______________________________
3. ______________________________

SELBSTDISZIPLIN:

1 2 3 4 5 6 7 8 9 10

GESAMTTAG:

1 2 3 4 5 6 7 8 9 10

Bin ich meinem Ziel heute näher gekommen als gestern?

☐ Ja ☐ Nein

Letzte Gedanken zum Tage:

____

____

____

____

____

TAG 64

Datum: ____________

MORGENS

Ich bin dankbar für:

____

____

In 36 Tagen werde ich:

____

____

Um mein Ziel zu erreichen, werde ich heute die folgenden drei Mikroziele in Angriff nehmen:

1. ______________________________________
2. ______________________________________
3. ______________________________________

Mein Aktionsplan für den Tag:

Aufgabe	Start	Ende
☐		
☐		
☐		
☐		
☐		

ABENDS

Wunderbare Dinge, die heute passiert sind:

____

____

____

Drei Probleme, mit denen ich konfrontiert bin:

1. ______________________________
2. ______________________________
3. ______________________________

Mögliche Lösungen für diese Probleme:

1. ______________________________
2. ______________________________
3. ______________________________

SELBSTDISZIPLIN:

1 2 3 4 5 6 7 8 9 10

GESAMTTAG:

1 2 3 4 5 6 7 8 9 10

Bin ich meinem Ziel heute näher gekommen als gestern?

☐ Ja ☐ Nein

Letzte Gedanken zum Tage:

____

____

____

____

____

TAG 65

Datum: ____________

MORGENS

Ich bin dankbar für:

____

____

In 35 Tagen werde ich:

____

____

Um mein Ziel zu erreichen, werde ich heute die folgenden drei Mikroziele in Angriff nehmen:

1. ____
2. ____
3. ____

Mein Aktionsplan für den Tag:

Aufgabe	Start	Ende
☐		
☐		
☐		
☐		
☐		

ABENDS

Wunderbare Dinge, die heute passiert sind:

____

____

____

Drei Probleme, mit denen ich konfrontiert bin:

1. ____________________________
2. ____________________________
3. ____________________________

Mögliche Lösungen für diese Probleme:

1. ____________________________
2. ____________________________
3. ____________________________

SELBSTDISZIPLIN:

1 2 3 4 5 6 7 8 9 10

GESAMTTAG:

1 2 3 4 5 6 7 8 9 10

Bin ich meinem Ziel heute näher gekommen als gestern?

☐ Ja ☐ Nein

Letzte Gedanken zum Tage:

____

____

____

____

____

TAG 66

Datum: ____________

MORGENS

Ich bin dankbar für:

____

____

In 34 Tagen werde ich:

____

____

Um mein Ziel zu erreichen, werde ich heute die folgenden drei Mikroziele in Angriff nehmen:

1. ______________________________
2. ______________________________
3. ______________________________

Mein Aktionsplan für den Tag:

Aufgabe	Start	Ende
☐		
☐		
☐		
☐		
☐		

ABENDS

Wunderbare Dinge, die heute passiert sind:

____

____

____

Drei Probleme, mit denen ich konfrontiert bin:

1. ______________________________

2. ______________________________

3. ______________________________

Mögliche Lösungen für diese Probleme:

1. ______________________________

2. ______________________________

3. ______________________________

SELBSTDISZIPLIN:

1 2 3 4 5 6 7 8 9 10

GESAMTTAG:

1 2 3 4 5 6 7 8 9 10

Bin ich meinem Ziel heute näher gekommen als gestern?

☐ Ja ☐ Nein

Letzte Gedanken zum Tage:

____

____

____

____

____

TAG 67

Datum: ______________

MORGENS

Ich bin dankbar für:

____

____

In 33 Tagen werde ich:

____

____

Um mein Ziel zu erreichen, werde ich heute die folgenden drei Mikroziele in Angriff nehmen:

1. ______________________________
2. ______________________________
3. ______________________________

Mein Aktionsplan für den Tag:

Aufgabe	Start	Ende
☐		
☐		
☐		
☐		
☐		

ABENDS

Wunderbare Dinge, die heute passiert sind:

Drei Probleme, mit denen ich konfrontiert bin:

1.
2.
3.

Mögliche Lösungen für diese Probleme:

1.
2.
3.

SELBSTDISZIPLIN:

1 2 3 4 5 6 7 8 9 10

GESAMTTAG:

1 2 3 4 5 6 7 8 9 10

Bin ich meinem Ziel heute näher gekommen als gestern?

☐ Ja ☐ Nein

Letzte Gedanken zum Tage:

TAG 68

Datum: ____________

MORGENS

Ich bin dankbar für:

____

____

In 32 Tagen werde ich:

____

____

Um mein Ziel zu erreichen, werde ich heute die folgenden drei Mikroziele in Angriff nehmen:

1. ______________________________
2. ______________________________
3. ______________________________

Mein Aktionsplan für den Tag:

Aufgabe	Start	Ende
☐		
☐		
☐		
☐		
☐		

ABENDS

Wunderbare Dinge, die heute passiert sind:

____

____

____

Drei Probleme, mit denen ich konfrontiert bin:

1. ______________________________
2. ______________________________
3. ______________________________

Mögliche Lösungen für diese Probleme:

1. ______________________________
2. ______________________________
3. ______________________________

SELBSTDISZIPLIN:

1 2 3 4 5 6 7 8 9 10

GESAMTTAG:

1 2 3 4 5 6 7 8 9 10

Bin ich meinem Ziel heute näher gekommen als gestern?

☐ Ja ☐ Nein

Letzte Gedanken zum Tage:

____

____

____

____

____

TAG 69

Datum: ______________

MORGENS

Ich bin dankbar für:

____

____

In 31 Tagen werde ich:

____

____

Um mein Ziel zu erreichen, werde ich heute die folgenden drei Mikroziele in Angriff nehmen:

1. ______________________________
2. ______________________________
3. ______________________________

Mein Aktionsplan für den Tag:

Aufgabe	Start	Ende
☐		
☐		
☐		
☐		
☐		

ABENDS

Wunderbare Dinge, die heute passiert sind:

___

___

___

Drei Probleme, mit denen ich konfrontiert bin:

1. ___
2. ___
3. ___

Mögliche Lösungen für diese Probleme:

1. ___
2. ___
3. ___

SELBSTDISZIPLIN:

1 2 3 4 5 6 7 8 9 10

GESAMTTAG:

1 2 3 4 5 6 7 8 9 10

Bin ich meinem Ziel heute näher gekommen als gestern?

☐ Ja ☐ Nein

Letzte Gedanken zum Tage:

___

___

___

___

___

TAG 70

Datum: ____________

MORGENS

Ich bin dankbar für:

____

____

In 30 Tagen werde ich:

____

____

Um mein Ziel zu erreichen, werde ich heute die folgenden drei Mikroziele in Angriff nehmen:

1. ______________________________
2. ______________________________
3. ______________________________

Mein Aktionsplan für den Tag:

Aufgabe	Start	Ende
☐		
☐		
☐		
☐		
☐		

ABENDS

Wunderbare Dinge, die heute passiert sind:

____

____

____

Drei Probleme, mit denen ich konfrontiert bin:

1. ______________________________

2. ______________________________

3. ______________________________

Mögliche Lösungen für diese Probleme:

1. ______________________________

2. ______________________________

3. ______________________________

SELBSTDISZIPLIN:

1 2 3 4 5 6 7 8 9 10

GESAMTTAG:

1 2 3 4 5 6 7 8 9 10

Bin ich meinem Ziel heute näher gekommen als gestern?

☐ Ja ☐ Nein

Letzte Gedanken zum Tage:

____

____

____

____

____

10-TAGE-RÜCKSCHAU

Hast du dein 10-Tage-Ziel erreicht?

☐ Ja ☐ Nein

Drei Dinge, die in den letzten zehn Tagen gut funktioniert haben:

1. ______________________________

2. ______________________________

3. ______________________________

Mein Plan, diese Erfolge noch zu optimieren:

1. ______________________________

2. ______________________________

3. ______________________________

Drei Probleme, mit denen ich in den letzten Tagen zu kämpfen hatte:

1. ______________________________

2. ______________________________

3. ______________________________

Mein Plan, diese Probleme zu beheben:

1. ______________________________

2. ______________________________

3. ______________________________

SELBSTDISZIPLIN-CHART

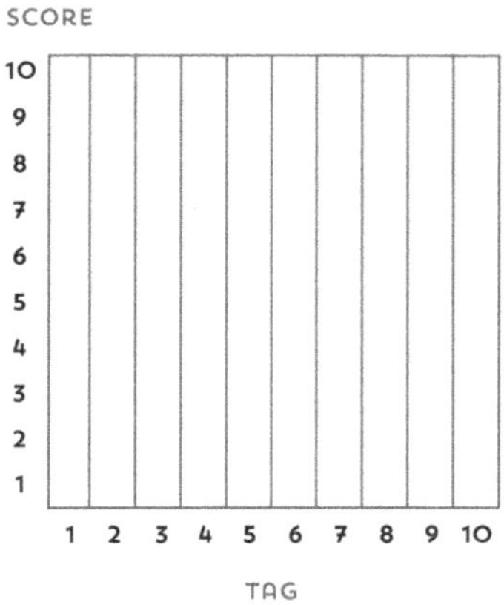

TAGES-CHARTS

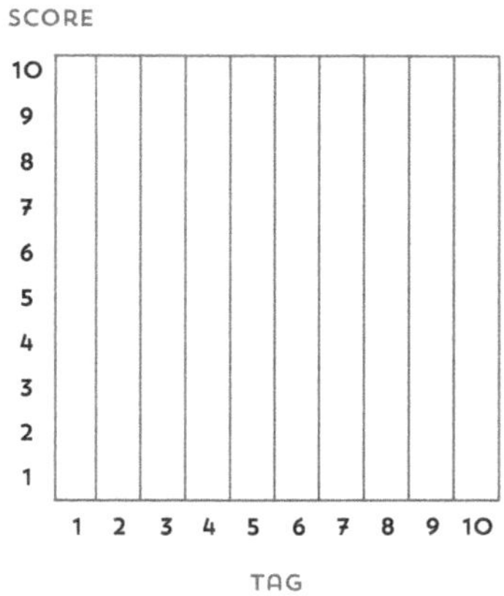

MEIN NÄCHSTES 10-TAGE-ZIEL:

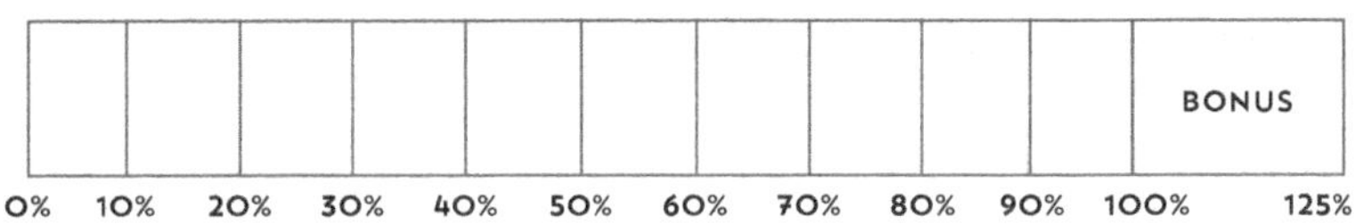

»ERKENNE DEIN EIGENES GLÜCK. DU BRAUCHST NUR EIN WENIG GEDULD ODER GIB IHM EINEN REIZVOLLEREN NAMEN – NENNE ES HOFFNUNG.«

—Jane Austen, *Sinn und Sinnlichkeit*

TAG 71

Datum: ____________

MORGENS

Ich bin dankbar für:

____

____

In 29 Tagen werde ich:

____

____

Um mein Ziel zu erreichen, werde ich heute die folgenden drei Mikroziele in Angriff nehmen:

1. ____
2. ____
3. ____

Mein Aktionsplan für den Tag:

Aufgabe	Start	Ende
☐		
☐		
☐		
☐		
☐		

ABENDS

Wunderbare Dinge, die heute passiert sind:

____

____

____

Drei Probleme, mit denen ich konfrontiert bin:

1. ______________________________
2. ______________________________
3. ______________________________

Mögliche Lösungen für diese Probleme:

1. ______________________________
2. ______________________________
3. ______________________________

SELBSTDISZIPLIN:

1 2 3 4 5 6 7 8 9 10

GESAMTTAG:

1 2 3 4 5 6 7 8 9 10

Bin ich meinem Ziel heute näher gekommen als gestern?

☐ Ja ☐ Nein

Letzte Gedanken zum Tage:

____

____

____

____

____

TAG 72

Datum: ____________

MORGENS

Ich bin dankbar für:

____

____

In 28 Tagen werde ich:

____

____

Um mein Ziel zu erreichen, werde ich heute die folgenden drei Mikroziele in Angriff nehmen:

1. ______________________________
2. ______________________________
3. ______________________________

Mein Aktionsplan für den Tag:

Aufgabe	Start	Ende
☐		
☐		
☐		
☐		
☐		

ABENDS

Wunderbare Dinge, die heute passiert sind:

____

____

____

Drei Probleme, mit denen ich konfrontiert bin:

1. ____________________________________
2. ____________________________________
3. ____________________________________

Mögliche Lösungen für diese Probleme:

1. ____________________________________
2. ____________________________________
3. ____________________________________

SELBSTDISZIPLIN:

1 2 3 4 5 6 7 8 9 10

GESAMTTAG:

1 2 3 4 5 6 7 8 9 10

Bin ich meinem Ziel heute näher gekommen als gestern?

☐ Ja ☐ Nein

Letzte Gedanken zum Tage:

____

____

____

____

____

TAG 73

Datum: ____________

MORGENS

Ich bin dankbar für:

____

____

In 27 Tagen werde ich:

____

____

Um mein Ziel zu erreichen, werde ich heute die folgenden drei Mikroziele in Angriff nehmen:

1. ______________________________________
2. ______________________________________
3. ______________________________________

Mein Aktionsplan für den Tag:

Aufgabe	Start	Ende
☐		
☐		
☐		
☐		
☐		

ABENDS

Wunderbare Dinge, die heute passiert sind:

____

____

____

Drei Probleme, mit denen ich konfrontiert bin:

1. ______________________________
2. ______________________________
3. ______________________________

Mögliche Lösungen für diese Probleme:

1. ______________________________
2. ______________________________
3. ______________________________

SELBSTDISZIPLIN:

1 2 3 4 5 6 7 8 9 10

GESAMTTAG:

1 2 3 4 5 6 7 8 9 10

Bin ich meinem Ziel heute näher gekommen als gestern?

☐ Ja ☐ Nein

Letzte Gedanken zum Tage:

____

____

____

____

____

TAG 74

Datum: ___________

MORGENS

Ich bin dankbar für:

____

____

In 26 Tagen werde ich:

____

____

Um mein Ziel zu erreichen, werde ich heute die folgenden drei Mikroziele in Angriff nehmen:

1. ____
2. ____
3. ____

Mein Aktionsplan für den Tag:

Aufgabe	Start	Ende
☐		
☐		
☐		
☐		
☐		

ABENDS

Wunderbare Dinge, die heute passiert sind:

____

____

____

Drei Probleme, mit denen ich konfrontiert bin:

1. ____________________________________
2. ____________________________________
3. ____________________________________

Mögliche Lösungen für diese Probleme:

1. ____________________________________
2. ____________________________________
3. ____________________________________

SELBSTDISZIPLIN:

1 2 3 4 5 6 7 8 9 10

GESAMTTAG:

1 2 3 4 5 6 7 8 9 10

Bin ich meinem Ziel heute näher gekommen als gestern?

☐ Ja ☐ Nein

Letzte Gedanken zum Tage:

____

____

____

____

____

TAG 75

Datum: ____________

MORGENS

Ich bin dankbar für:

____

____

In 25 Tagen werde ich:

____

____

Um mein Ziel zu erreichen, werde ich heute die folgenden drei Mikroziele in Angriff nehmen:

1. ______________________________________
2. ______________________________________
3. ______________________________________

Mein Aktionsplan für den Tag:

Aufgabe	Start	Ende
☐		
☐		
☐		
☐		
☐		

ABENDS

Wunderbare Dinge, die heute passiert sind:

____

____

____

Drei Probleme, mit denen ich konfrontiert bin:

1. ______________________________
2. ______________________________
3. ______________________________

Mögliche Lösungen für diese Probleme:

1. ______________________________
2. ______________________________
3. ______________________________

SELBSTDISZIPLIN:

1 2 3 4 5 6 7 8 9 10

GESAMTTAG:

1 2 3 4 5 6 7 8 9 10

Bin ich meinem Ziel heute näher gekommen als gestern?

☐ Ja ☐ Nein

Letzte Gedanken zum Tage:

____

____

____

____

____

TAG 76

Datum: ____________

MORGENS

Ich bin dankbar für:

____

____

In 24 Tagen werde ich:

____

____

Um mein Ziel zu erreichen, werde ich heute die folgenden drei Mikroziele in Angriff nehmen:

1. ______________________________________
2. ______________________________________
3. ______________________________________

Mein Aktionsplan für den Tag:

Aufgabe	Start	Ende
☐		
☐		
☐		
☐		
☐		

ABENDS

Wunderbare Dinge, die heute passiert sind:

____

____

____

Drei Probleme, mit denen ich konfrontiert bin:

1. ______________________________________
2. ______________________________________
3. ______________________________________

Mögliche Lösungen für diese Probleme:

1. ______________________________________
2. ______________________________________
3. ______________________________________

SELBSTDISZIPLIN:

1 2 3 4 5 6 7 8 9 10

GESAMTTAG:

1 2 3 4 5 6 7 8 9 10

Bin ich meinem Ziel heute näher gekommen als gestern?

☐ Ja ☐ Nein

Letzte Gedanken zum Tage:

____

____

____

____

____

TAG 77

Datum: ______________

MORGENS

Ich bin dankbar für:

____

____

In 23 Tagen werde ich:

____

____

Um mein Ziel zu erreichen, werde ich heute die folgenden drei Mikroziele in Angriff nehmen:

1. ______________________________
2. ______________________________
3. ______________________________

Mein Aktionsplan für den Tag:

Aufgabe	Start	Ende
☐		
☐		
☐		
☐		
☐		

ABENDS

Wunderbare Dinge, die heute passiert sind:

____

____

____

Drei Probleme, mit denen ich konfrontiert bin:

1. ____________________
2. ____________________
3. ____________________

Mögliche Lösungen für diese Probleme:

1. ____________________
2. ____________________
3. ____________________

SELBSTDISZIPLIN:

1 2 3 4 5 6 7 8 9 10

GESAMTTAG:

1 2 3 4 5 6 7 8 9 10

Bin ich meinem Ziel heute näher gekommen als gestern?

☐ Ja ☐ Nein

Letzte Gedanken zum Tage:

____

____

____

____

____

TAG 78

Datum: ____________

MORGENS

Ich bin dankbar für:

____

____

In 22 Tagen werde ich:

____

____

Um mein Ziel zu erreichen, werde ich heute die folgenden drei Mikroziele in Angriff nehmen:

1. ______________________________
2. ______________________________
3. ______________________________

Mein Aktionsplan für den Tag:

Aufgabe	Start	Ende
☐		
☐		
☐		
☐		
☐		

ABENDS

Wunderbare Dinge, die heute passiert sind:

____

____

____

Drei Probleme, mit denen ich konfrontiert bin:

1. ______________________________________
2. ______________________________________
3. ______________________________________

Mögliche Lösungen für diese Probleme:

1. ______________________________________
2. ______________________________________
3. ______________________________________

SELBSTDISZIPLIN:

1 2 3 4 5 6 7 8 9 10

GESAMTTAG:

1 2 3 4 5 6 7 8 9 10

Bin ich meinem Ziel heute näher gekommen als gestern?

☐ Ja ☐ Nein

Letzte Gedanken zum Tage:

____

____

____

____

____

TAG 79

Datum: ____________

MORGENS

Ich bin dankbar für:

____

____

In 21 Tagen werde ich:

____

____

Um mein Ziel zu erreichen, werde ich heute die folgenden drei Mikroziele in Angriff nehmen:

1. ______________________________________
2. ______________________________________
3. ______________________________________

Mein Aktionsplan für den Tag:

Aufgabe	Start	Ende
☐		
☐		
☐		
☐		
☐		

ABENDS

Wunderbare Dinge, die heute passiert sind:

Drei Probleme, mit denen ich konfrontiert bin:

1.
2.
3.

Mögliche Lösungen für diese Probleme:

1.
2.
3.

SELBSTDISZIPLIN:

1 2 3 4 5 6 7 8 9 10

GESAMTTAG:

1 2 3 4 5 6 7 8 9 10

Bin ich meinem Ziel heute näher gekommen als gestern?

☐ Ja ☐ Nein

Letzte Gedanken zum Tage:

TAG 80

Datum: ____________

MORGENS

Ich bin dankbar für:

____

____

In 20 Tagen werde ich:

____

____

Um mein Ziel zu erreichen, werde ich heute die folgenden drei Mikroziele in Angriff nehmen:

1. ______________________________
2. ______________________________
3. ______________________________

Mein Aktionsplan für den Tag:

Aufgabe	Start	Ende
☐		
☐		
☐		
☐		
☐		

ABENDS

Wunderbare Dinge, die heute passiert sind:

____

____

____

Drei Probleme, mit denen ich konfrontiert bin:

1. ______________________________________
2. ______________________________________
3. ______________________________________

Mögliche Lösungen für diese Probleme:

1. ______________________________________
2. ______________________________________
3. ______________________________________

SELBSTDISZIPLIN:

1 2 3 4 5 6 7 8 9 10

GESAMTTAG:

1 2 3 4 5 6 7 8 9 10

Bin ich meinem Ziel heute näher gekommen als gestern?

☐ Ja ☐ Nein

Letzte Gedanken zum Tage:

____

____

____

____

____

10-TAGE-RÜCKSCHAU

Hast du dein 10-Tage-Ziel erreicht?

☐ Ja ☐ Nein

Drei Dinge, die in den letzten zehn Tagen gut funktioniert haben:

1. ____________________
2. ____________________
3. ____________________

Mein Plan, diese Erfolge noch zu optimieren:

1. ____________________
2. ____________________
3. ____________________

Drei Probleme, mit denen ich in den letzten Tagen zu kämpfen hatte:

1. ____________________
2. ____________________
3. ____________________

Mein Plan, diese Probleme zu beheben:

1. ____________________
2. ____________________
3. ____________________

SELBSTDISZIPLIN-CHART

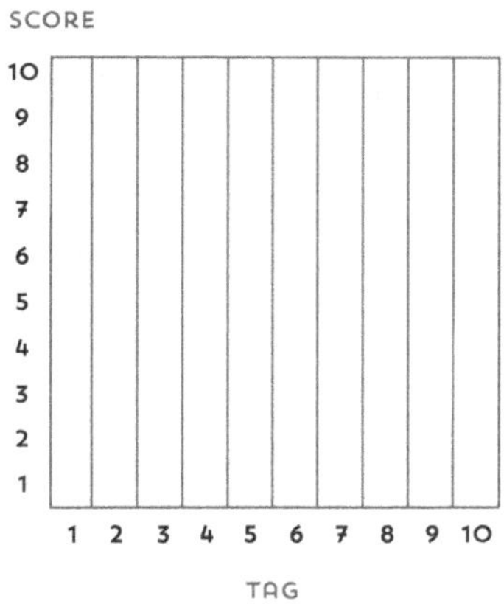

TAGES-CHARTS

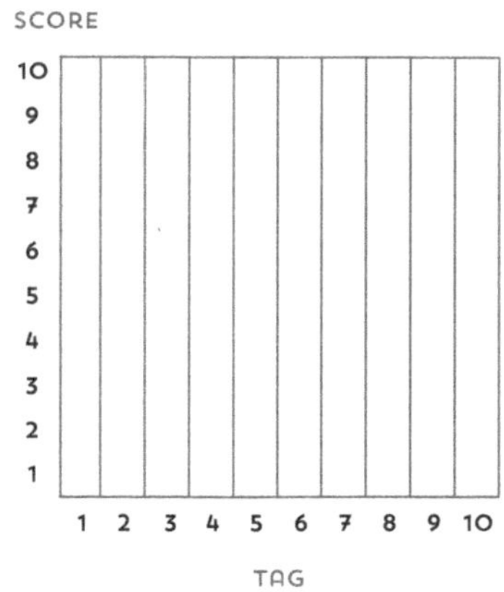

MEIN NÄCHSTES 10-TAGE-ZIEL:

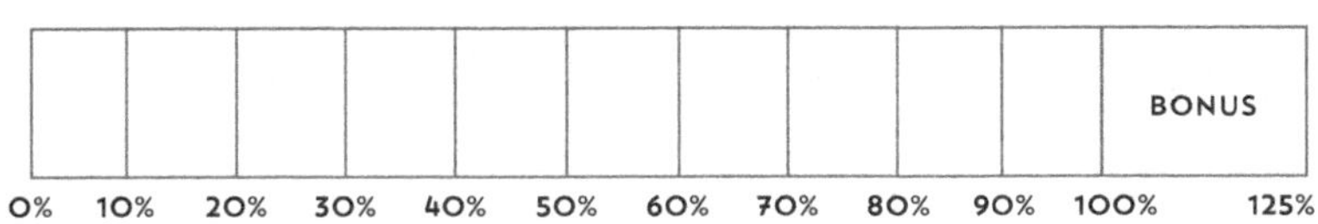

»NICHTS BERUHIGT DAS GEMÜT MEHR ALS EIN FESTES ZIEL.«

—Mary Shelley, *Frankenstein*

TAG 81

Datum: ____________

MORGENS

Ich bin dankbar für:

____

____

In 19 Tagen werde ich:

____

____

Um mein Ziel zu erreichen, werde ich heute die folgenden drei Mikroziele in Angriff nehmen:

1. ______________________________
2. ______________________________
3. ______________________________

Mein Aktionsplan für den Tag:

Aufgabe	Start	Ende
☐		
☐		
☐		
☐		
☐		

ABENDS

Wunderbare Dinge, die heute passiert sind:

____

____

____

Drei Probleme, mit denen ich konfrontiert bin:

1. ____________________
2. ____________________
3. ____________________

Mögliche Lösungen für diese Probleme:

1. ____________________
2. ____________________
3. ____________________

SELBSTDISZIPLIN:

1 2 3 4 5 6 7 8 9 10

GESAMTTAG:

1 2 3 4 5 6 7 8 9 10

Bin ich meinem Ziel heute näher gekommen als gestern?

☐ Ja ☐ Nein

Letzte Gedanken zum Tage:

____

____

____

____

____

TAG 82

Datum: ____________

MORGENS

Ich bin dankbar für:

____

____

In 18 Tagen werde ich:

____

____

Um mein Ziel zu erreichen, werde ich heute die folgenden drei Mikroziele in Angriff nehmen:

1. ______________________________________
2. ______________________________________
3. ______________________________________

Mein Aktionsplan für den Tag:

Aufgabe	Start	Ende
☐		
☐		
☐		
☐		
☐		

ABENDS

Wunderbare Dinge, die heute passiert sind:

____

____

____

Drei Probleme, mit denen ich konfrontiert bin:

1. ______________________________
2. ______________________________
3. ______________________________

Mögliche Lösungen für diese Probleme:

1. ______________________________
2. ______________________________
3. ______________________________

SELBSTDISZIPLIN:

1 2 3 4 5 6 7 8 9 10

GESAMTTAG:

1 2 3 4 5 6 7 8 9 10

Bin ich meinem Ziel heute näher gekommen als gestern?

☐ Ja ☐ Nein

Letzte Gedanken zum Tage:

____

____

____

____

____

TAG 83

Datum: ____________

MORGENS

Ich bin dankbar für:

____

____

In 17 Tagen werde ich:

____

____

Um mein Ziel zu erreichen, werde ich heute die folgenden drei Mikroziele in Angriff nehmen:

1. ______________________________
2. ______________________________
3. ______________________________

Mein Aktionsplan für den Tag:

Aufgabe	Start	Ende
☐		
☐		
☐		
☐		
☐		

ABENDS

Wunderbare Dinge, die heute passiert sind:

____

____

____

Drei Probleme, mit denen ich konfrontiert bin:

1. ______________________________
2. ______________________________
3. ______________________________

Mögliche Lösungen für diese Probleme:

1. ______________________________
2. ______________________________
3. ______________________________

SELBSTDISZIPLIN:

1 2 3 4 5 6 7 8 9 10

GESAMTTAG:

1 2 3 4 5 6 7 8 9 10

Bin ich meinem Ziel heute näher gekommen als gestern?

☐ Ja ☐ Nein

Letzte Gedanken zum Tage:

____

____

____

____

____

TAG 84

Datum: ____________

MORGENS

Ich bin dankbar für:

____

____

In 16 Tagen werde ich:

____

____

Um mein Ziel zu erreichen, werde ich heute die folgenden drei Mikroziele in Angriff nehmen:

1. ______________________________________
2. ______________________________________
3. ______________________________________

Mein Aktionsplan für den Tag:

Aufgabe	Start	Ende
☐		
☐		
☐		
☐		
☐		

ABENDS

Wunderbare Dinge, die heute passiert sind:

____

____

____

Drei Probleme, mit denen ich konfrontiert bin:

1. ______________________________________
2. ______________________________________
3. ______________________________________

Mögliche Lösungen für diese Probleme:

1. ______________________________________
2. ______________________________________
3. ______________________________________

SELBSTDISZIPLIN:

1 2 3 4 5 6 7 8 9 10

GESAMTTAG:

1 2 3 4 5 6 7 8 9 10

Bin ich meinem Ziel heute näher gekommen als gestern?

☐ Ja ☐ Nein

Letzte Gedanken zum Tage:

____

____

____

____

____

TAG 85

Datum: ____________

MORGENS

Ich bin dankbar für:

____

____

In 15 Tagen werde ich:

____

____

Um mein Ziel zu erreichen, werde ich heute die folgenden drei Mikroziele in Angriff nehmen:

1. ______________________________________
2. ______________________________________
3. ______________________________________

Mein Aktionsplan für den Tag:

Aufgabe	Start	Ende
☐		
☐		
☐		
☐		
☐		

ABENDS

Wunderbare Dinge, die heute passiert sind:

____

____

____

Drei Probleme, mit denen ich konfrontiert bin:

1. ______________________________________
2. ______________________________________
3. ______________________________________

Mögliche Lösungen für diese Probleme:

1. ______________________________________
2. ______________________________________
3. ______________________________________

SELBSTDISZIPLIN:

1 2 3 4 5 6 7 8 9 10

GESAMTTAG:

1 2 3 4 5 6 7 8 9 10

Bin ich meinem Ziel heute näher gekommen als gestern?

☐ Ja ☐ Nein

Letzte Gedanken zum Tage:

____

____

____

____

____

TAG 86

Datum: ____________

MORGENS

Ich bin dankbar für:

____

____

In 14 Tagen werde ich:

____

____

Um mein Ziel zu erreichen, werde ich heute die folgenden drei Mikroziele in Angriff nehmen:

1. ______________________________
2. ______________________________
3. ______________________________

Mein Aktionsplan für den Tag:

Aufgabe	Start	Ende
☐		
☐		
☐		
☐		
☐		

ABENDS

Wunderbare Dinge, die heute passiert sind:

______

______

______

Drei Probleme, mit denen ich konfrontiert bin:

1. ______
2. ______
3. ______

Mögliche Lösungen für diese Probleme:

1. ______
2. ______
3. ______

SELBSTDISZIPLIN:

1 2 3 4 5 6 7 8 9 10

GESAMTTAG:

1 2 3 4 5 6 7 8 9 10

Bin ich meinem Ziel heute näher gekommen als gestern?

☐ Ja ☐ Nein

Letzte Gedanken zum Tage:

______

______

______

______

______

TAG 87

Datum: ______________

MORGENS

Ich bin dankbar für:

____

____

In 13 Tagen werde ich:

____

____

Um mein Ziel zu erreichen, werde ich heute die folgenden drei Mikroziele in Angriff nehmen:

1. ______________________________
2. ______________________________
3. ______________________________

Mein Aktionsplan für den Tag:

Aufgabe	Start	Ende
☐		
☐		
☐		
☐		
☐		

ABENDS

Wunderbare Dinge, die heute passiert sind:

____

____

____

Drei Probleme, mit denen ich konfrontiert bin:

1. ______________________________
2. ______________________________
3. ______________________________

Mögliche Lösungen für diese Probleme:

1. ______________________________
2. ______________________________
3. ______________________________

SELBSTDISZIPLIN:

1 2 3 4 5 6 7 8 9 10

GESAMTTAG:

1 2 3 4 5 6 7 8 9 10

Bin ich meinem Ziel heute näher gekommen als gestern?

☐ Ja ☐ Nein

Letzte Gedanken zum Tage:

____

____

____

____

____

TAG 88

Datum: ____________

MORGENS

Ich bin dankbar für:

____

____

In 12 Tagen werde ich:

____

____

Um mein Ziel zu erreichen, werde ich heute die folgenden drei Mikroziele in Angriff nehmen:

1. ______________________________
2. ______________________________
3. ______________________________

Mein Aktionsplan für den Tag:

Aufgabe	Start	Ende
☐		
☐		
☐		
☐		
☐		

ABENDS

Wunderbare Dinge, die heute passiert sind:

____

____

____

Drei Probleme, mit denen ich konfrontiert bin:

1. ______________________________
2. ______________________________
3. ______________________________

Mögliche Lösungen für diese Probleme:

1. ______________________________
2. ______________________________
3. ______________________________

SELBSTDISZIPLIN:

1 2 3 4 5 6 7 8 9 10

GESAMTTAG:

1 2 3 4 5 6 7 8 9 10

Bin ich meinem Ziel heute näher gekommen als gestern?

☐ Ja ☐ Nein

Letzte Gedanken zum Tage:

____

____

____

____

____

TAG 89

Datum: ___________

MORGENS

Ich bin dankbar für:

____

____

In 11 Tagen werde ich:

____

____

Um mein Ziel zu erreichen, werde ich heute die folgenden drei Mikroziele in Angriff nehmen:

1. ___________________________________
2. ___________________________________
3. ___________________________________

Mein Aktionsplan für den Tag:

Aufgabe	Start	Ende
☐		
☐		
☐		
☐		
☐		

ABENDS

Wunderbare Dinge, die heute passiert sind:

____

____

____

Drei Probleme, mit denen ich konfrontiert bin:

1. ____________________
2. ____________________
3. ____________________

Mögliche Lösungen für diese Probleme:

1. ____________________
2. ____________________
3. ____________________

SELBSTDISZIPLIN:

1 2 3 4 5 6 7 8 9 10

GESAMTTAG:

1 2 3 4 5 6 7 8 9 10

Bin ich meinem Ziel heute näher gekommen als gestern?

☐ Ja ☐ Nein

Letzte Gedanken zum Tage:

____

____

____

____

____

TAG 90

Datum: ______________

MORGENS

Ich bin dankbar für:

____

____

In 10 Tagen werde ich:

____

____

Um mein Ziel zu erreichen, werde ich heute die folgenden drei Mikroziele in Angriff nehmen:

1. ____
2. ____
3. ____

Mein Aktionsplan für den Tag:

Aufgabe	Start	Ende
☐		
☐		
☐		
☐		
☐		

ABENDS

Wunderbare Dinge, die heute passiert sind:

____

____

____

Drei Probleme, mit denen ich konfrontiert bin:

1. ______________________________
2. ______________________________
3. ______________________________

Mögliche Lösungen für diese Probleme:

1. ______________________________
2. ______________________________
3. ______________________________

SELBSTDISZIPLIN:

1 2 3 4 5 6 7 8 9 10

GESAMTTAG:

1 2 3 4 5 6 7 8 9 10

Bin ich meinem Ziel heute näher gekommen als gestern?

☐ Ja ☐ Nein

Letzte Gedanken zum Tage:

____

____

____

____

____

10-TAGE-RÜCKSCHAU

Hast du dein 10-Tage-Ziel erreicht?

☐ Ja ☐ Nein

Drei Dinge, die in den letzten zehn Tagen gut funktioniert haben:

1. ______________________________
2. ______________________________
3. ______________________________

Mein Plan, diese Erfolge noch zu optimieren:

1. ______________________________
2. ______________________________
3. ______________________________

Drei Probleme, mit denen ich in den letzten Tagen zu kämpfen hatte:

1. ______________________________
2. ______________________________
3. ______________________________

Mein Plan, diese Probleme zu beheben:

1. ______________________________
2. ______________________________
3. ______________________________

SELBSTDISZIPLIN-CHART

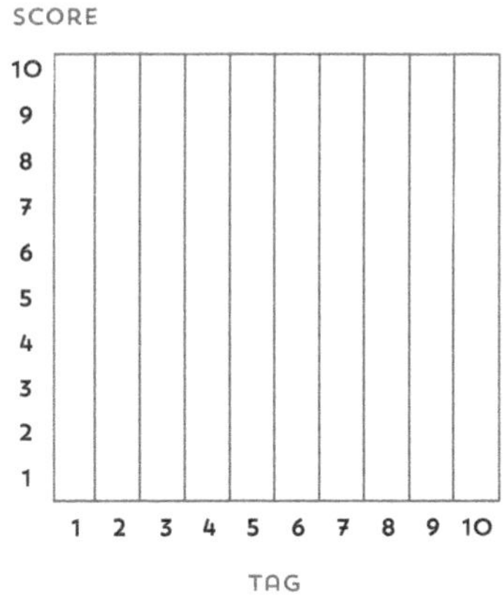

TAGES-CHARTS

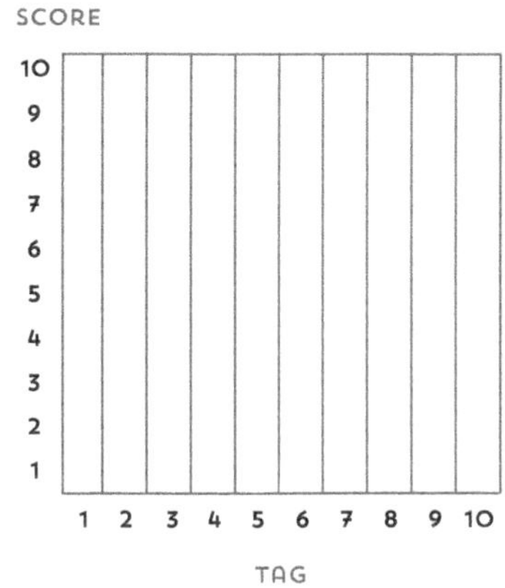

MEIN NÄCHSTES 10-TAGE-ZIEL:

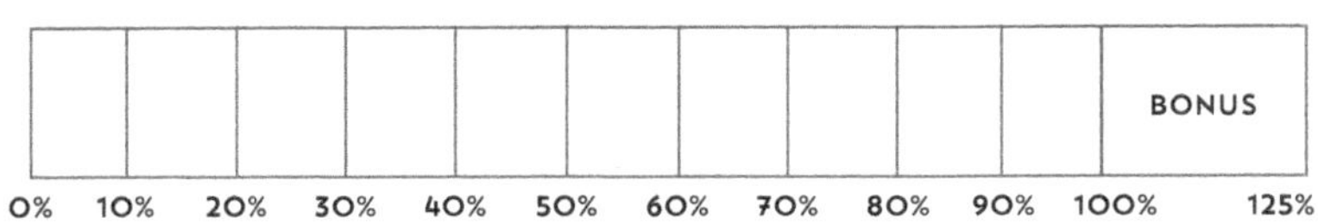

»WENN DU DICH IN DER ZWICKMÜHLE BEFINDEST, UND SICH ALLES GEGEN DICH VERSCHWÖRT UND DU MEINST, NICHT LÄNGER DURCHHALTEN ZU KÖNNEN, DARFST DU AUF KEINEN FALL AUFGEBEN, DENN JETZT IST DER AUGENBLICK GEKOMMEN, DA SICH ALLES ZUM GUTEN WENDET.«

—Harriet Beecher Stowe

TAG 91

Datum: ______________

MORGENS

Ich bin dankbar für:

____

____

In 9 Tagen werde ich:

____

____

Um mein Ziel zu erreichen, werde ich heute die folgenden drei Mikroziele in Angriff nehmen:

1. ______________________________
2. ______________________________
3. ______________________________

Mein Aktionsplan für den Tag:

Aufgabe	Start	Ende
☐		
☐		
☐		
☐		
☐		

ABENDS

Wunderbare Dinge, die heute passiert sind:

____

____

____

Drei Probleme, mit denen ich konfrontiert bin:

1. ____________________________
2. ____________________________
3. ____________________________

Mögliche Lösungen für diese Probleme:

1. ____________________________
2. ____________________________
3. ____________________________

SELBSTDISZIPLIN:
1 2 3 4 5 6 7 8 9 10

GESAMTTAG:
1 2 3 4 5 6 7 8 9 10

Bin ich meinem Ziel heute näher gekommen als gestern?

☐ Ja ☐ Nein

Letzte Gedanken zum Tage:

____

____

____

____

____

TAG 92

Datum: ____________

MORGENS

Ich bin dankbar für:

____

____

In 8 Tagen werde ich:

____

____

Um mein Ziel zu erreichen, werde ich heute die folgenden drei Mikroziele in Angriff nehmen:

1. ______________________________________
2. ______________________________________
3. ______________________________________

Mein Aktionsplan für den Tag:

Aufgabe	Start	Ende
☐		
☐		
☐		
☐		
☐		

ABENDS

Wunderbare Dinge, die heute passiert sind:

____

____

____

Drei Probleme, mit denen ich konfrontiert bin:

1. ____________________
2. ____________________
3. ____________________

Mögliche Lösungen für diese Probleme:

1. ____________________
2. ____________________
3. ____________________

SELBSTDISZIPLIN:

1 2 3 4 5 6 7 8 9 10

GESAMTTAG:

1 2 3 4 5 6 7 8 9 10

Bin ich meinem Ziel heute näher gekommen als gestern?

☐ Ja ☐ Nein

Letzte Gedanken zum Tage:

____

____

____

____

____

TAG 93

Datum: ____________

MORGENS

Ich bin dankbar für:

____

____

In 7 Tagen werde ich:

____

____

Um mein Ziel zu erreichen, werde ich heute die folgenden drei Mikroziele in Angriff nehmen:

1. ____
2. ____
3. ____

Mein Aktionsplan für den Tag:

Aufgabe	Start	Ende
☐		
☐		
☐		
☐		
☐		

ABENDS

Wunderbare Dinge, die heute passiert sind:

____

____

____

Drei Probleme, mit denen ich konfrontiert bin:

1. ______________________________
2. ______________________________
3. ______________________________

Mögliche Lösungen für diese Probleme:

1. ______________________________
2. ______________________________
3. ______________________________

SELBSTDISZIPLIN:

1 2 3 4 5 6 7 8 9 10

GESAMTTAG:

1 2 3 4 5 6 7 8 9 10

Bin ich meinem Ziel heute näher gekommen als gestern?

☐ Ja ☐ Nein

Letzte Gedanken zum Tage:

____

____

____

____

____

TAG 94

Datum: ____________

MORGENS

Ich bin dankbar für:

____

____

In 6 Tagen werde ich:

____

____

Um mein Ziel zu erreichen, werde ich heute die folgenden drei Mikroziele in Angriff nehmen:

1. ____
2. ____
3. ____

Mein Aktionsplan für den Tag:

Aufgabe	Start	Ende
☐		
☐		
☐		
☐		
☐		

ABENDS

Wunderbare Dinge, die heute passiert sind:

____

____

____

Drei Probleme, mit denen ich konfrontiert bin:

1. ______________________________
2. ______________________________
3. ______________________________

Mögliche Lösungen für diese Probleme:

1. ______________________________
2. ______________________________
3. ______________________________

SELBSTDISZIPLIN:

1 2 3 4 5 6 7 8 9 10

GESAMTTAG:

1 2 3 4 5 6 7 8 9 10

Bin ich meinem Ziel heute näher gekommen als gestern?

☐ Ja ☐ Nein

Letzte Gedanken zum Tage:

____

____

____

____

____

TAG 95

Datum: ____________

MORGENS

Ich bin dankbar für:

____

____

In 5 Tagen werde ich:

____

____

Um mein Ziel zu erreichen, werde ich heute die folgenden drei Mikroziele in Angriff nehmen:

1. ______________________________
2. ______________________________
3. ______________________________

Mein Aktionsplan für den Tag:

Aufgabe	Start	Ende
☐		
☐		
☐		
☐		
☐		

ABENDS

Wunderbare Dinge, die heute passiert sind:

____

____

____

Drei Probleme, mit denen ich konfrontiert bin:

1. ______________________________

2. ______________________________

3. ______________________________

Mögliche Lösungen für diese Probleme:

1. ______________________________

2. ______________________________

3. ______________________________

SELBSTDISZIPLIN:

1 2 3 4 5 6 7 8 9 10

GESAMTTAG:

1 2 3 4 5 6 7 8 9 10

Bin ich meinem Ziel heute näher gekommen als gestern?

☐ Ja ☐ Nein

Letzte Gedanken zum Tage:

____

____

____

____

____

TAG 96

Datum: ____________

MORGENS

Ich bin dankbar für:

____

____

In 4 Tagen werde ich:

____

____

Um mein Ziel zu erreichen, werde ich heute die folgenden drei Mikroziele in Angriff nehmen:

1. ______________________________
2. ______________________________
3. ______________________________

Mein Aktionsplan für den Tag:

Aufgabe	Start	Ende
☐		
☐		
☐		
☐		
☐		

ABENDS

Wunderbare Dinge, die heute passiert sind:

____

____

____

Drei Probleme, mit denen ich konfrontiert bin:

1. ______________________________
2. ______________________________
3. ______________________________

Mögliche Lösungen für diese Probleme:

1. ______________________________
2. ______________________________
3. ______________________________

SELBSTDISZIPLIN:
1 2 3 4 5 6 7 8 9 10

GESAMTTAG:
1 2 3 4 5 6 7 8 9 10

Bin ich meinem Ziel heute näher gekommen als gestern?

☐ Ja ☐ Nein

Letzte Gedanken zum Tage:

____

____

____

____

____

TAG 97

Datum: ____________

MORGENS

Ich bin dankbar für:

____

____

In 3 Tagen werde ich:

____

____

Um mein Ziel zu erreichen, werde ich heute die folgenden drei Mikroziele in Angriff nehmen:

1. ______________________________________
2. ______________________________________
3. ______________________________________

Mein Aktionsplan für den Tag:

Aufgabe	Start	Ende
☐		
☐		
☐		
☐		
☐		

ABENDS

Wunderbare Dinge, die heute passiert sind:

____

____

____

Drei Probleme, mit denen ich konfrontiert bin:

1. ______________________________

2. ______________________________

3. ______________________________

Mögliche Lösungen für diese Probleme:

1. ______________________________

2. ______________________________

3. ______________________________

SELBSTDISZIPLIN:

1 2 3 4 5 6 7 8 9 10

GESAMTTAG:

1 2 3 4 5 6 7 8 9 10

Bin ich meinem Ziel heute näher gekommen als gestern?

☐ Ja ☐ Nein

Letzte Gedanken zum Tage:

____

____

____

____

____

TAG 98

Datum: ____________

MORGENS

Ich bin dankbar für:

____

____

In 2 Tagen werde ich:

____

____

Um mein Ziel zu erreichen, werde ich heute die folgenden drei Mikroziele in Angriff nehmen:

1. ____
2. ____
3. ____

Mein Aktionsplan für den Tag:

Aufgabe	Start	Ende
☐		
☐		
☐		
☐		
☐		

ABENDS

Wunderbare Dinge, die heute passiert sind:

____

____

____

Drei Probleme, mit denen ich konfrontiert bin:

1. ______________________________
2. ______________________________
3. ______________________________

Mögliche Lösungen für diese Probleme:

1. ______________________________
2. ______________________________
3. ______________________________

SELBSTDISZIPLIN:

1 2 3 4 5 6 7 8 9 10

GESAMTTAG:

1 2 3 4 5 6 7 8 9 10

Bin ich meinem Ziel heute näher gekommen als gestern?

☐ Ja ☐ Nein

Letzte Gedanken zum Tage:

____

____

____

____

____

TAG 99

Datum: ____________

MORGENS

Ich bin dankbar für:

____

____

In 1 Tag werde ich:

____

____

Um mein Ziel zu erreichen, werde ich heute die folgenden drei Mikroziele in Angriff nehmen:

1. ______________________________________
2. ______________________________________
3. ______________________________________

Mein Aktionsplan für den Tag:

Aufgabe	Start	Ende
☐		
☐		
☐		
☐		
☐		

ABENDS

Wunderbare Dinge, die heute passiert sind:

____

____

____

Drei Probleme, mit denen ich konfrontiert bin:

1. ______________________________________
2. ______________________________________
3. ______________________________________

Mögliche Lösungen für diese Probleme:

1. ______________________________________
2. ______________________________________
3. ______________________________________

SELBSTDISZIPLIN:

1 2 3 4 5 6 7 8 9 10

GESAMTTAG:

1 2 3 4 5 6 7 8 9 10

Bin ich meinem Ziel heute näher gekommen als gestern?

☐ Ja ☐ Nein

Letzte Gedanken zum Tage:

____

____

____

____

____

TAG 100

Datum: ____________

MORGENS

Ich bin dankbar für:

____

____

Heute werde ich:

____

____

Um mein Ziel zu erreichen, werde ich heute die folgenden drei Mikroziele in Angriff nehmen:

1. ______________________________________
2. ______________________________________
3. ______________________________________

Mein Aktionsplan für den Tag:

Aufgabe	Start	Ende
☐		
☐		
☐		
☐		
☐		

ABENDS

Wunderbare Dinge, die heute passiert sind:

____

____

____

Drei Probleme, mit denen ich konfrontiert bin:

1. ______________________________

2. ______________________________

3. ______________________________

Mögliche Lösungen für diese Probleme:

1. ______________________________

2. ______________________________

3. ______________________________

SELBSTDISZIPLIN:

1 2 3 4 5 6 7 8 9 10

GESAMTTAG:

1 2 3 4 5 6 7 8 9 10

Bin ich meinem Ziel heute näher gekommen als gestern?

☐ Ja ☐ Nein

Letzte Gedanken zum Tage:

____

____

____

____

____

HERZLICHEN
GLÜCKWUNSCH!

DU HAST ES BIS ZUM
100. TAG GESCHAFFT!

ICH HABE MEIN ZIEL ERREICHT

Was hat dir besonders daran gefallen, während der letzten 100 Tage Schritt für Schritt den Fortschritt zu verfolgen?

Was sind die besten Gewohnheiten, die du dir in den letzten 100 Tagen angeeignet hast?

Was waren die häufigsten Probleme, mit denen du im Verlauf der letzten 100 Tage konfrontiert wurdest?

Worauf bist du besonders stolz, wenn du auf die letzten 100 Tage zurückblickst?

Dies ist die beste Gelegenheit, den Schwung aufrechtzuerhalten. Was ist dein nächster Schritt?

»ZU SEIN, WAS WIR SIND, UND ZU WERDEN, WOZU WIR FÄHIG SIND, IST DAS EINZIGE ZIEL DES LEBENS.«

—Robert Louis Stevenson

GEDANKEN, IDEEN UND ANREGUNGEN

Der tägliche Stoiker

Ryan Holiday, Stephen Hanselman

Wie findet man das wahre Glück? Wie lässt sich Erfolg wirklich bemessen? New York Times-Bestsellerautor Ryan Holiday und Stephen Hanselman haben das Wissen der Stoiker in 366 zeitlose Lektionen verpackt und zeigen, dass die Philosophie des Stoizismus nicht nur zeitlos, sondern gerade für unsere hektische und unsichere Zeit ein Segen ist. Weisheit, Mut, Gerechtigkeitssinn und Selbstbeherrschung sowie Gelassenheit lassen sich erlernen und helfen uns, in der zunehmenden Komplexität unserer Welt zu bestehen. Die uralten Weisheiten der Stoiker, gesammelt und kommentiert, unterstützen bei diesen alltäglichen Herausforderungen.

432 Seiten | Hardcover | 24,99 € (D) | ISBN 978-3-95972-045-8